NATIONAL
GEOGRAPHIC

美国国家地理全球史

中世纪的王国与王朝

The Christian Kingdoms and the Crusades

美国国家地理学会 编著　周恒涛 译

中国出版集团 现代出版社

目 录

插图（第2页） 圣米歇尔山（Mont-Saint-Michel）上的哥特式（gothique）修道院。它的防御工事修建于13世纪，当时英国人（Anglais）与诺曼人（Normands）之间冲突不断。

插图（第4—5页） 法国穆瓦萨克（Moissac）本笃会（Bénédictine）修道院内的罗马式回廊，修建于12世纪。

插图（左侧） 耶稣受难像铜牌，制作于11—12世纪。现藏于都柏林爱尔兰国家博物馆。

UBI METENT MESSEM TERRE
CIUITAS
UBI CALCATUM EST TORCULAR
EXTRA CIUITATE. ET EXIIT SANGUIS
DE TORCULARI USQUE AD FRENOS
EQUORUM

概 述

在中世纪农业发展、人口激增和商业革新的大背景下，欧洲地理在城市迅速繁荣和各国领土划定的双重作用下经历了动荡。无数次军事征服确立了欧洲的外边界，而托洛萨会战、米雷战役和布汶战役等大战已经成为集体记忆的一部分。在此期间，皇权得到加强，各国都涌现出不少杰出君主，如法兰西的腓力·奥古斯都（Philippe Auguste，腓力二世·奥古斯都）和圣路易（Saint Louis）、英格兰的亨利二世·金雀花（Henri Ⅱ Plantagenêt）和“狮心王”理查（Richard Coeur de Lion）、阿拉贡的海梅一世（Jacques Ⅰ[er]）以及卡斯蒂利亚的阿方索八世（Alphonse Ⅷ）和费尔南多三世（Ferdinand Ⅲ）。与此同时，君主制的巩固使得封建贵族的权力受到限制。此外，德意志的神圣罗马帝国和罗马教廷这两个超国家实体之间的对抗也为这一时期留下了浓墨重彩的一笔。皇权和教权间的冲突对中世纪政治、文化和宗教的影响颇为深刻，而教皇格列高利七世（Grégoire Ⅶ）为阻止世俗政权插手主教叙任（investiture，向新任主教转交象征宗教权力的指环和牧杖［crosse，又译权杖］）进行的改革则是该冲突的导火索。教廷与萨利安皇帝们（法兰克王朝）冲突的转折发生在艾米利亚–罗马涅（Émilie-Romagne）地区的卡诺莎（Canossa）小城，亨利四世（Henri Ⅳ，神圣罗马帝国皇帝）在此向教皇请罪臣服。中世纪欧洲各国之间的关系错综复杂，但这并不妨碍十字军东征（croisades）的出现，参与者誓要占领耶路撒冷并在巴勒斯坦和叙利亚建立拉丁国家。正是十字军东征让天主教教义得到了统一，教皇英诺森三世（Innocent Ⅲ）也因此声名赫赫：他鼓励打击异己，并将里昂地区的瓦勒度派教徒和法兰西南部的卡特里派教徒打成“异端”；神职人员将清除异教徒的军事行动融入十字军东征的进程中。与此同时，中世纪文化的发展同样不容忽视：罗马式、熙笃会和哥特式三种艺术风格相继出现、盛行并传承下去；王公贵族们慷慨出资，赞助那些在当时蓬勃发展的谄媚文学。此外，教会学校的出现也引发了综合性大学在巴黎、博洛尼亚（Bologne）以及后来的牛津、萨拉曼卡（Salamanque）等欧洲其他城市的建立。

插图（第8—9页） 比萨（Pise）奇迹广场（Piazza del Duomo，又名主教座堂广场）上的大教堂和斜塔，修建于11—12世纪。

插图（左侧） 手稿《斐迪南一世的贝亚图斯》（*Beatus de Ferdinand Ⅰ[er]*）中选取的细密画，11世纪时根据利耶巴纳（Liébana）修道院僧侣贝亚图斯（Beatus）所著《启示录评注》（*Commentaires de l'Apocalypse de saint Jean*）的内容所绘制。现藏于马德里国家图书馆。

贵族、平民和神职人员

这只来自圣米良德拉科戈利亚（San Millán de la Cogolla）的象牙盒上刻画着中世纪的三个传统阶级——贵族、平民和神职人员，作于11世纪。现藏于马德里国家考古博物馆。

插图（右侧） 沙特尔（Chartres）主教座堂的彩绘玻璃窗细节图，约作于1200年。

新时代的支柱

1020—1077 年这五十多年间，欧洲在方方面面都经历了巨大的变革。人口的持续增长和农业的突飞猛进为贵族社会的革旧图新提供了条件，封建秩序由此诞生，划定边界的意愿也已经萌芽。在动荡的环境下，罗马的神职人员为了限制世俗势力对宗教事务的干预而引发了一场精神革命。

人口的增长是一个新时代开启最明显的标志。在 11 世纪初的几十年里，社会经历了深刻的变革。在加洛林王朝（Carolingienne）时期的部分农村地区，人们会为了控制生育率而杀婴和堕胎，但进入新千年后这种做法已基本消失。教会需要更多农民来耕种名下的田产，这就解释了为什么它会以“不人道为由”勒令人们停止此类行为。迈入 11 世纪后，气候条件改善，农业收成增加，充足的食物降低了死亡率。虽然当时仍有三分之一的孩童在 7 岁前夭折，但上述因

农业技术的革新

不断增长的农村人口给12世纪的欧洲带来了一场重大的技术革命——钢铁冶金，而高炉中冶炼出的钢铁工具引发了农业技术的重大变革。

第一项技术发明始于12世纪，液压锤和风锤替代了铁匠的手工敲打。第二项是13世纪出现的高炉，一种能够向炉缸内注入压缩空气的冶炼设备。经高炉炼制的犁、锄头、镰刀等钢铁工具与农村激增的人口相结合，提高了农业生产效率。此后，在遍布石块的高原、山麓和采伐后的土地上进行耕种成为可能，因为钢铁工具能够清除所有这些障碍。

插图 主题为农活的壁画《十二月》（*Cycle des mois*）中的九月部分，由某位波希米亚（Bohémien）大师约作于1397年。现藏于意大利特伦托（Trente）布翁孔西格利奥（Buonconsiglio）城堡鹰塔（Torre Aquila）。

素仍在1060—1070年创造了人口的井喷，随之而来的就是农村生活和习俗的改变。历史学家卡洛·奇波拉（Carlo Cipolla）指出，支撑11世纪欧洲经济的是“生物学转变”（convertisseurs biologiques），即大量受雇从事农业生产的人。

令人颇为意外的是，尽管不时发生的歉收仍会导致粮食短缺甚至饥荒，但人口的持续增长确实解决了长久以来困扰大多数农民的吃饭问题。为了保障生活，有部分人将自己的孩子送到了修道院。

此外，修道院通过分发食物实现了重要的经济功能。在那些因歉收导致儿童和年轻妇女大量死亡的地区，赈济有助于维持人口增长。正是得益于这种布施行为，农民即将迎来欧洲农业的大发展阶段。

农业发展

农业的发展始于耕地面积的大幅增加。中世纪第一次大规模垦荒运动发生在 1020—1077 年，而现存的文献尤其是修道院的财产清册均可对此佐证。自 9 世纪中叶起，修道院就在财产清册中详细记录了名下的田产情况，并明确标注了需向领主纳税的部分。每次清点财产和逝者的遗赠时，修道院都会列出清单进行详实记录。

现存的文献中还记载着地主受让给农民的耕地情况。这些农民一般被称为“佃农”（colonii），也就是“定居者”（colons）。作为交换劳动力的报酬，农民有时会收到一些新的工具，如铁锄头、铁犁铧、马蹄铁，甚至马胸带。马胸带是一种革命性的装备，使用时将它套在马的肩胛骨而不是脖子上，以充分发挥驾驭者的

中世纪农民

中世纪的农业技术经历了深刻的变革。从上图中可以看到，农民不用太弯腰就能收割小麦，牲口拖着地上的犁前行，并留下肥田的养料。

插图 贝内德托·安特拉米（Benedetto Antelami）的雕塑作品，作于12世纪末。现藏于帕尔马（Parme）洗礼堂。

力量。在特殊情况下，农民还会获得许可私自种植一些豆科植物和谷物。

田地的耕种从多方面改变了欧洲的农业状况。首先，森林边缘的杂草和徒耗水资源的深层根系得到清除，土地内氧气供应得到改善，收成也自然提高，农作物产量比从1.1∶1.3~1.4提高至1.1∶1.7~1.8。仅此一项进步就让农产品有了盈余，但这些多余的农产品很快就引发了冲突。事实上，正是农民依靠改进农耕方法获取的剩余产品导致了地租的出现。

教会的“什一税”和新流入市场的产品，令早期基于以货易货的商业得到发展。此后，部分产品被交换成了货币，主要包括豆类、小麦、黑麦、小米或燕麦种子。

持续的人口增长和农业发展对欧洲历史产生了两个重要影响：一是农业革命，其特点是大量的技术进步和耕地面积的扩大；二是因掌控多余的农作物而带来的社会风俗的变化。

封建秩序

人口增长和农业发展带来的社会变化往往与封建秩序息息相关。

1020年前后，欧洲社会的组织体系发生了重大变化。在一些学者眼中，这种变化是由权力施行方式的改革所导致，而另一些学者则认为这种组织体系已经在这片土地上有效应用了数十年，当年的史料只是对这一事实进行了文字确认，这一切都源于整个10世纪加洛林王朝的分崩离析。无论如何，历史上的这些地主后来都成了贵族，他们通过自诩名人的后代来拔高出身以维护家族的名望，但认祖归宗的过程中肯定有一些主观臆造。

同时，这些新贵族开始向亲信和臣属出让土地。以这种方式分发的土地最初被称为“封地”（fiers），它的数量是评判地主的主要依据。就这样，地主进入封建贵族阶层，成为领主（seigneur）。

当领主要求他们的属下提供某些服务或援助时，双方的关系又进入了一个新的阶段。在南欧，提供“援助”服务的条款明确记录在协议文件（convenientiae）中：协议双方通常并不属于同一阶级，如领主和封臣；少数时候，签署双方可以来自同一等级，如两位领主。在北方，援助行为让领主和封臣之间出现了一种复杂的仪式，这种男人之间定下友好协议的过程被称为“臣从宣誓”（hommage，意为致敬）。

依照这个毫无疑问是封建等级制度中最具代表性的仪式内容，地主要求臣属响应自己的“号召”，承担起军事行动所需的军备责任。

很快，由于武器种类的增加，军备过程变得越来越复杂。除了剑和盾这样的传统武器，慢慢地还增加了如锁子甲、带护鼻的尖盔等防御性装备，以及革命性的武器——长矛。复杂的装备让臣属必须骑马奔赴战场，由此骑士的形象诞生了。

在中世纪社会，步兵向骑兵的转化也明显地体现在拉丁语单词 miles 的词义变化上，而这个在加洛林王朝时指代“士兵”的词后来的意思变成了“武装骑士”。这些新兴的骑士团导致了以封建贵族为主要成员的武装团体的出现，他们既负责捍卫领土和防范外敌入侵，也实施监督以保障田间工作的顺利进行。

因此，封建秩序促使居住环境改变，以便与新的社会关系相适应。于是，人们修建了几十个圆柱形塔楼作为骑士团的居住地。每个骑士小队的人数不一，可能是 10 人、12 人或 14 人，而显要的贵族有能力召集 30 个、40 个甚至 50 个这样的骑士小队来响应领主（国王、王子或公爵）。如此算来，一个贵族可以动员的士兵数量在 400~600 人。原则上，骑士在领主的号召下集结。到了 12 世纪，领主通过统一的军旗来会聚麾下的骑士。

中世纪城堡内部

12 世纪开始，欧洲的堡垒纷纷出现了筑有雉堞[1]的石头防御工事，这些堡垒此后被用作军队征服行动的大本营。

作为中世纪象征的城堡，其历史可以追溯到文明诞生之初。欧洲中世纪城堡的发展经历了三个阶段：筑有防御工事的城镇或村庄（500—700年）；建在高处的堡垒（700—1200年）；筑有防御工事的宫殿（1200—1500年）。

插图 《马可·波罗游记》（*Voyages de Marco-Polo*）中的细密画，约作于1400年。现藏于牛津（Oxford）博德利（Bodleian）图书馆。

在整个 11 世纪，封建秩序都在与修道院秩序、日渐强势的主教、禁止使用武器和暴力的时代主基调抗衡。克吕尼（Cluny）改革[2]以后，修道院秩序扩展到整个欧洲，主教们组织集会宣扬和平和上帝治世。封建秩序下不同的权力机构不仅争夺剩余的农产品，而且还盯上了在当时社会已无处不在的捐赠活动。僧侣和主教们将施舍作为用来区分社会地位、巩固基督教在农民群众中地位的工具，而贵族们则将捐赠视为强化社会的手段，通过庆祝活动来冲淡日常劳动带来的疲惫。

[1] 雉堞，又称齿墙、垛墙、战墙，指城墙上有锯齿状垛口的矮墙，可以用于守城人的防御掩护。——译者注

[2] 克吕尼改革，又称克吕尼运动、本笃会改革，是 11—12 世纪修道运动中关注于恢复传统的修道生活、鼓励艺术、照顾穷人的一系列改革运动，因以法国克吕尼修道院为中心而得名。——译者注

❶ **致敬塔** 城堡中最重要，也是最高的建筑。在外敌进攻时，城堡的主人会躲进这最后的要塞。

❷ **军械庭** 城堡中间的空地，与食堂、小教堂、马厩、仓库和塔楼等四周所有建筑都相连。

❸ **防御外墙** 城堡的塔楼由城墙相连，墙上建有封闭或开放式的巡逻道。墙角建筑向外突出，是士兵如厕的地方。

❹ **吊桥** 护城河上的可升降跳板，升起时可阻止外人进入城堡。吊桥前方一般会配备前沿防御工事。

❺ **菜园和马厩** 部分城堡会在马厩和外墙之间规划一个小菜园，而蓄水池通常也设在这里。

❻ **凸廊** 这些堡垒四周凸出的走廊让守军享有地利，能够居高临下攻击外敌。

❼ **塔楼和要塞** 常被用于存放远程武器。最高的塔楼设有石头垒砌的岗哨，以便更大范围地监视领地的情况。

11 世纪的英格兰

1042 年，人称“哈德克努特”（Hardeknut，强壮的克努特）的克努特三世（Canut Ⅲ，克努特大帝）驾崩，这位统治丹麦和英格兰的卓越君主的离去引发了严重的冲突。尽管艾玛（Emma）女王已尽心竭力，她的子孙们始终没能像克努特大帝那样统一疆土并征服当地的贵族。摆脱困境的唯一方法就是召回彼时流亡在诺曼底（Normandie）的爱德华（Édouard）王子。问题是爱德华虽然是撒克逊（Saxon）王室的后裔，但撒克逊王室已经失去了对神圣罗马帝国（Saint Empire romain）的控制，那里已是萨利安（Salienne，法兰克尼亚［Franconienne］）王朝的领土。

不过，爱德华于 1043 年复活节当天的成功加冕表明，那些针对其出身的担心毫无根据。虽然爱德华是撒克逊人阿尔弗雷德大帝（Alfred le Grand）的后裔，并迎娶了戈德温（Godwin）伯爵高雅且会说五种语言的女儿伊迪丝（Édith），但他仍然表现得像威塞克斯（Wessex）王朝（西撒克逊王国）的后裔和诺曼底公爵的继任者。自 9 世纪起，英国统治者的正统性就建立在两个基础条件之上，而爱德华将这两个条件联系起来：一是撒克逊王室的出身。撒克逊王室及其子民曾经颠覆了西罗马帝国，自他们皈依基督教以来，一直享受着教会的支持。二是诺曼人、挪威人或丹麦人的血统。这些人在首次入侵时就占领了英伦三岛，而两个对立的王朝必须找到一根联结的纽带，爱德华则扮演了这个角色。

为此，爱德华鼓励诺曼人和法兰克人从欧洲大陆移民到英格兰。在岛上站稳脚跟以后，这些外来者就可以在宫廷中担任要职，有些甚至被提拔为主教。爱德华在位的二十三年（1043—1066 年），为这片此前一直饱经战乱和动荡的土地提供了一段喘息的时间。在此背景下，英格兰经历了一段繁荣时期，商业蓬勃发展，人民生活水平提高，城市也不断扩张。爱德华并不信任那些不接受自己权威的盎格鲁和撒克逊伯爵们，但这种相互敌视并没有动摇他的统治，因为这位国王行事谨慎且爱好和平，他最喜欢的事也只有狩猎和寻找神药（教会因此将他封圣）而已。随着时间的流逝，爱德华将王国的大小事务交给王后的两个兄弟，也就是撒克逊人戈德温的两个儿子处理——他们是获得诺森布里亚（Northumbrie）伯爵头衔的托斯蒂格（Tostig）和获得威塞克斯伯爵头衔的哈罗德。

此时，英格兰和欧洲大陆的情况都不太利于放权。诺曼人、丹麦人和挪威人仍希望重建克努特大帝统治时期的王国，即位于北海（la mer du Nord）三端的英格兰王国、挪威王国和丹麦王国组成的大帝国。危机源于诺森布里亚，已贵为伯爵的托斯蒂格始终对撒克逊王室抱有敌意。1065 年，当地的一些领主召集了一支军队浩浩荡荡向约克（York）进发。兵败后的托斯蒂格被剥夺了伯爵头衔，而哈罗德深知无力回天，也没有尽全力来改变当时的局面。托斯蒂格将兄弟的这种行为视为背叛，一辈子都没有原谅哈罗德。于是，托斯蒂格离开了英格兰，逃往法兰德斯[3]

[3] 法兰德斯（Flandre），又译佛兰德斯，包括今比利时的东弗兰德省和西弗兰德省、法国的加来海峡省和诺尔省、荷兰的泽兰省。——译者注

盎格鲁人、丹麦人和诺曼人：争夺英格兰王位

自1035年哈罗德一世（Harold Ier Harefoot，“飞毛腿”哈罗德）从他的父亲丹麦“征服者”克努特大帝手中接过了英格兰的王位之后，埃塞尔雷德二世（Æthelred Ⅱ，又译爱塞烈德二世）的两个儿子——英格兰王位的继任者爱德华和阿尔弗雷德（Alfred），便流亡至诺曼底公爵威廉（Guillaume）的宫廷里。

阿尔弗雷德王子带着一小支军队夺回了坎特伯雷（Canterbury），但庆功宴后他就在韦塞克斯伯爵的宫殿里被俘，并与随行的主要贵族们被押解到伦敦。哈罗德一世将随行人员统统斩首，在弄瞎了阿尔弗雷德的眼睛后将其释放，目的是吓唬他的哥哥爱德华，但阿尔弗雷德在半路上就去世了。哈罗德一世驾崩以后，他的兄弟哈德克努特（克努特大帝）继承了王位。哈德克努特与爱德华是同母异父的兄弟，他为其死后爱德华的成功继位（1043年）铺平了道路。爱德华于1066年去世，哈罗德·戈温森（Harold Godwinson）夺取了王位，史称哈罗德二世（Harold Ⅱ）。但诺曼底公爵威廉二世（Guillaume Ⅱ）以夺回合理继承权为由起兵反抗这种篡位行为，他带领军队越过英吉利海峡击败并杀死了哈罗德二世，然后加冕英格兰国王（1066—1087年在位）。

插图　英格兰国王威廉一世（Guillaume Ier），也就是大家耳熟能详的“征服者”威廉（Guillaume le Conquérant）的印章。印章正面代表他是骑士和诺曼底公爵，而反面则是他坐在王位上，旁边刻有拉丁语铭文——“英格兰国王”（Rex Anglorum）。

（Flandre）寻找能够帮自己夺回爵位的军队。1065 年，爱德华国王罹患中风离世，由于他曾立下让妻子伊迪丝万般痛苦的贞洁誓言，所以没有留下任何继承人，而他的死更加重了危机的气氛。显然，即将到来的 1066 年将对英格兰历史产生决定性的影响。

爱德华死后，哈罗德·戈温森成为英格兰国王。由于哈罗德·戈温森与王室没有任何血缘关系，他为了避免夜长梦多便以最快的速度完成了祝圣（consacré）和加冕仪式，史称哈罗德二世。这一系列行为让本就感觉遭到背叛的托斯蒂格愈加不满，于是他借此机会怂恿挪威国王哈拉尔·西居尔松（Harald Sigurdsson，无情的哈拉尔［Hardraada］）夺回英格兰王位。1066 年 9 月初，绰号“寸草不生”（le dévastateur de terres）的哈拉尔集结了 300 艘战船，沿着当年维京人（Vikings）的远征路线，顺着苏格兰海岸线一路向南，前往诺森布里亚。9 月 20 日，托斯蒂格和大军一道在约克附近登陆，沿途击溃了所有抵抗势力。随后，哈拉尔退守至战略要地斯坦福桥（Stamford Bridge），等待诺森布里亚伯爵莫卡（Morcar）的投降。至于接下来发生的事情，哈拉尔和托斯蒂格永远也不可能想到。

9 月 25 日，哈拉尔远远看见一支全副武装的强大军队浩浩荡荡地向斯坦福桥靠近，便立刻开始调动部属。虽然挪威人作战英勇，但身上没有半片铠甲的他们还是很快被身披锁子甲的对手击败。夜幕降临之时，挪威军队已尸横遍野，哈罗德·戈温森取得了胜利，从挪威驶来的 300 艘战船只有两艘成功逃离，而哈拉尔和托斯蒂格也在战斗中殒命。

当哈罗德·戈温森（哈罗德二世）还沉浸在胜利的喜悦中时，他突然听到了一众诺曼底骑士在伦敦南部的黑斯廷斯（Hastings）登陆的消息。

黑斯廷斯和诺曼征服

1066 年，也就是被后世证明具有决定性意义的这一年，当时所有人都在怀疑诺曼底公爵威廉（威廉一世）会反对哈罗德二世继承英格兰王位。一段时间以来，坊间传言死去的国王爱德华曾指定诺曼底公爵为自己唯一的继承人。实际上，威廉

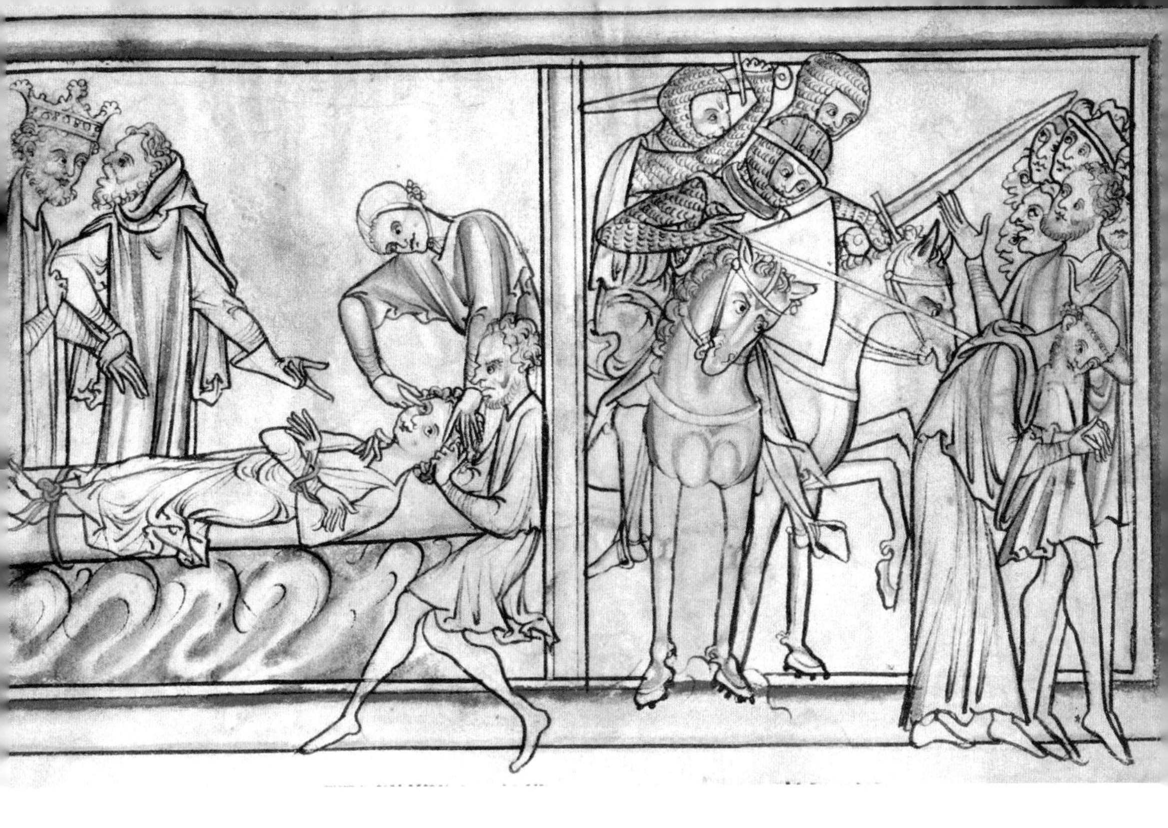

只是致力于重建本应有的秩序。

1035 年，诺曼底公爵罗贝尔一世（Robert Ier）去世时没有留下正统的继承人，以安茹（Anjou）的伯爵们为首的敌对势力便开始想方设法颠覆诺曼底公国。当时，继承伯爵之位的威廉年仅 8 岁，而且他并不是罗贝尔一世的正妻所生，因此安茹人称他为“杂种”（le Bâtard）威廉。威廉的母亲法莱斯的埃尔蕾瓦（Arlette de Falaise）并非贵族出身，只是卡昂（Caen）城附近小镇一位皮匠的女儿。当时，历代诺曼底公爵都采取丹麦传统婚姻（more danico），这么做某种程度上能让他们实现一夫二妻：他们出于政治策略和宗教方面的考量在教堂迎娶一位贵族女

“忏悔者”爱德华

最后一位盎格鲁-撒克逊国王。在遭受“飞毛腿”哈罗德（哈罗德一世）追捕时，诺曼底公爵（威廉一世）为爱德华提供了庇护。爱德华娶了拥有盎格鲁-撒克逊人血统的戈德温伯爵之女（伊迪丝）为妻，也是威斯敏斯特（Westminste）教堂的建造者。由于没有继承人，王位在其死后落入在黑斯廷斯击败哈罗德二世的“征服者”威廉（威廉一世）手中。1161 年，爱德华被封圣。

插图　匿名作者所著《长眠于威斯敏斯特的爱德华国王的一生》（*Vita Ædwardi Regis*）中的细密画，作于 13 世纪。现藏于剑桥大学图书馆。

子为正妻，同时可自由选择另一名女性（frilla，丹麦语，意为情妇）保持姘居关系。罗贝尔一世没有正妻，埃尔蕾瓦只是他的情妇。此后，埃尔蕾瓦再婚，又为威廉生了两个弟弟。于是，安茹的敌人们不断用威廉的私生子身份来诋毁他，形容他的血统卑微下贱。

然而，威廉挫败了所有袭击，领导一支强大的军队巩固了诺曼底公国在欧洲大陆的崇高地位，而这一系列的成功也让他开始觊觎膝下无子的“忏悔者”爱德华的王位。威廉用十五年的时间组建了一支精锐部队，在纪律和组织方面比基督教世界的其他军队更加优秀，而军事上的优势让他能够数次挥兵南下攻打宿敌——安茹的领主们。在占领曼恩（Maine）期间，威廉率领一帮凶神恶煞的骑士在踏足的土地上散播恐怖，从而让敌人闻风丧胆。随后，这一策略在对阵哈罗德二世手下训练有素的军队时收获了奇效。

1066 年夏天，糟糕的天气将威廉的舰船困在港口无法航行。但威廉也没闲着，他高举着教皇亚历山大二世（Alexandre Ⅱ）为感谢他的支持所赐的“圣彼得旗”（l' étendard de saint Pierre）进行出征动员。到了 9 月 27 日，减弱的海风终于让军队能够穿越英吉利海峡，而不利的天气起初被视为不祥的预兆，但后来被证明其实是上天的眷顾。事实上，哈罗德二世预料到了诺曼人的入侵，但在海滩上严阵以待数月却不见敌人踪影，便率军北上斯坦福桥去拦截挪威王国国王哈拉尔·西居尔松的进攻。于是，诺曼人登陆、卸载辎重的过程也在毫无干扰的情况下顺利完成。威廉行事谨慎，他让大军在周围驻扎，并用木材建造了两座临时城堡：一座在佩文西（Pevensey）的罗马城堡遗址上建造，另一座在黑斯廷斯渔港附近。通往伦敦的唯一道路穿过一条山脉，山两边都是海，使诺曼底军的驻地看起来像一座半岛。

在得知威廉登陆的消息后，哈罗德二世立刻调转马头向南急行，而他认为自己的都城早已被诺曼底军毁得只剩断壁残垣了。但威廉采取的行动与敌人的设想正相反，他只是让军队在营地等待。数周过去，威廉仍然耐心地等待着那个被他的手下

黑斯廷斯之战与大陆的新军

1066年10月13日，哈罗德二世的撒克逊军队在距离黑斯廷斯10公里的卡尔德贝克（Caldbec）山丘上扎营。第二天清晨5点半左右，军队行进到了森拉克（Senlac）山丘。6点做完弥撒后，想要出其不意进攻的诺曼底公爵威廉（威廉一世）率军来到了战场，等待他的却是早已埋伏好的盎格鲁-撒克逊人。

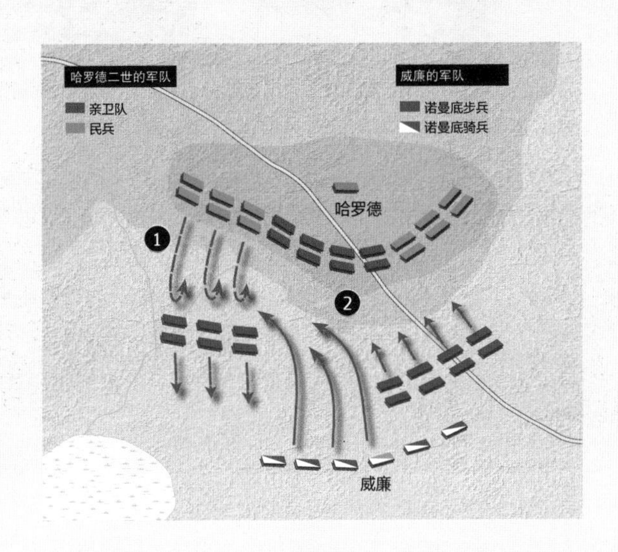

哈罗德二世将手持巨斧的亲卫队安排在阵列中央，民兵列于两边，阵前设有防御工事。诺曼人必须爬上山坡与对方交火，他们的第一次冲锋发生在早上9点。❶由法兰克人（Français）和弗拉芒人（Flamands）组成的诺曼底军右翼被远程武器压制，无法靠近敌军，而主要由布列塔尼人（Bretons）组成的左翼部队在被对方民兵击退后还遭到追杀。后排的诺曼底重骑兵向追击的民兵发起猛烈攻击，并一举将其歼灭。随后，威廉下令诺曼底重骑兵向前推进，但依然没能冲破防线。当天下午，威廉和战马双双倒地的事故发生，一声金属撞击的巨响让大家觉得凶多吉少。法兰克人和弗拉芒人见状甚至都准备撤退，但很快威廉就重新站了起来，只是坐骑没能幸免于难。威廉摘下头盔重新鼓舞士气，而属下马上牵来了一匹新的战马。❷下午4点，诺曼底重步兵向已被骑兵打得支离破碎的民兵发起了新一轮攻击，最终成功在对方阵地打开了一个缺口。骑兵立刻拿起长矛发动冲锋，1000名骑兵和2000名步兵迅速向盎格鲁-撒克逊军主帅袭来：重甲长矛兵居中前行，外围的骑士们不断用长剑砍杀早已无心恋战的民兵。残余的民兵边打边退，亲卫队全部被歼灭，而国王哈罗德二世也在战场上殒命。威廉率领的诺曼底军队大获全胜。

一座堡垒的历史

英格兰佩文西有一座罗马时期建造的堡垒，后来被改造成城堡。在黑斯廷斯战役前，威廉（威廉一世）的军队在此地驻扎，并在中世纪的数次冲突中发挥了重要的作用。

称作“冒牌货”（l′ imposteur）的人的到来。到了 10 月 13 日晚上，斥候（éclai-reurs，侦察兵）终于来报，英格兰军（指哈罗德二世的军队，前文的盎格鲁–撒克逊军）正在全速赶往此地。

威廉发布命令，这次远征的目的不是粗暴地打家劫舍，而是要打一场有目的、有象征意义的阵地战，这让他的军队备感惊讶。阵地战并不常见，因为交战双方的优势很难显现。这种对战的方式就像是两个人之间的决斗，胜负交由上帝来裁判。虽说威廉有教皇赐予的大旗，但他的信心实际上是源于属下骑兵对阵敌方步兵的巨大优势。诺曼底军面前最难对付的是英格兰军的亲卫队，这些来自瑞典的瓦良格人（Varègues）和维京人已经展示过非凡的作战能力。正如为纪念这场战役所创作的巴约（Bayeux）挂毯所描绘的那样，手持长矛的骑士将面对强壮的手持巨斧的瓦良格战士。

直到战役临近结束，没有任何一方占据明显的优势，而士兵们都筋疲力尽了。威廉也发现哈罗德二世的帅旗仍高高飘扬，盾牌墙也还在成功抵挡着诺曼底军队的进攻。直至日落前一小时，种种迹象似乎都表明胜利的天平正朝着英格兰军的方向倾斜。如果哈罗德二世的军队能够支撑到夜晚，战争的结果可能会完全相反，而一个突发事件瞬间反转了战局。根据后来的文献记载，哈罗德二世被流矢射穿了眼睛，而巴约挂毯上的描述也是如此。无论如何，诺曼底骑兵的铁蹄践踏了包括英格兰国王（哈罗德二世）在内的无数盎格鲁-撒克逊人的尸体，而失败的一方只能仓惶逃离。夜幕降临前，诺曼底公爵“杂种”威廉（威廉一世）攻陷了英格兰王国。

法兰西与各公国

1031 年，法兰西国王、“虔诚者”罗贝尔二世（Robert Ⅱ）去世时留给继任者的领土上分布着“许多王国”，这也是那个时代的特征。每个王国里生活的人都听命于“君主”[4]，而“君主”在自己管辖的土地上与国王拥有几乎同样的权力。罗贝尔二世与第三任妻子阿尔勒的康斯坦丝（Constance d’Arles）所生的儿子亨利一世（Henri Ⅰ^{er}，1031—1060 年在位）继承了这个复杂的国家，而亨利一世在统治期间得到了妻子基辅的安娜（Anne de Kiev）的帮助。安娜是一位深受拜占庭文化熏陶的公主，不过她也有维京人的血统（因为她来自瓦良格人的王国——基辅）。

起初，亨利一世尝试着遏制他的兄弟——勃艮第（Bourgogne）公爵罗贝尔（Robert）的欲望，但他无法控制香槟（Champagne）公爵的迅速壮大及其与法兰西王室的逐渐疏远。他也没能成功阻止法兰德斯的鲍德温五世（Baudouin Ⅴ de Flandre）的独立，尽管鲍德温五世是他自己的妹妹阿黛尔（Adèle）的丈夫。

[4] 君主，这里指的是某个君主国或领地的统治者，即英文和法文的 prince，可以指伯爵、侯爵或公爵。——译者注

巴约挂毯与黑斯廷斯之战

哈罗德二世的旅行

❶ 哈罗德二世渡过英吉利海峡误入皮卡第（Picardie），被其统治者庞蒂厄的居伊（Guy de Ponthieu）关押。❷ 对于这趟旅行的目的有多种说法：哈罗德二世可能是来法兰西讨论英格兰王位的继承权，也可能是在钓鱼和打猎期间在法兰西海岸遭遇船难。无论事实如何，挂毯上展示了哈罗德二世在返回英格兰前向威廉（威廉一世）的象征物表忠心的场景。

诺曼登陆

❸ 诺曼人将军舰下水，并装上武器和酒。决心夺取英格兰王位的威廉站在一艘大船的边上，正扬帆渡海。诺曼底骑士和马匹到达黑斯廷斯，寻觅饲料和食物。❹ 威廉下令加固黑斯廷斯的诺曼营寨，并收到了哈罗德二世的最新动向。❺ 威廉向即将奔赴战场的士兵发表演讲。

战役

战役开始。❻ 可以看到哈罗德二世国王的两个兄弟利奥夫温（Leofwine）和戈斯（Gyrth）已战死。双方殊死搏斗，尸横遍野。❼ 挂毯的碎片上展示的情景是诺曼人消灭撒克逊亲卫队的场景，而刺入哈罗德二世眼中的箭矢象征着他对威廉忠诚誓言的背叛。❽ 这部分展示了英格兰国王死亡的场景。这份独一无二的资料完成于11世纪，长70米，宽0.50米，用各色羊毛在亚麻布上绣出了英格兰国王战死前后的场景。这幅挂毯现藏于巴约挂毯博物馆。

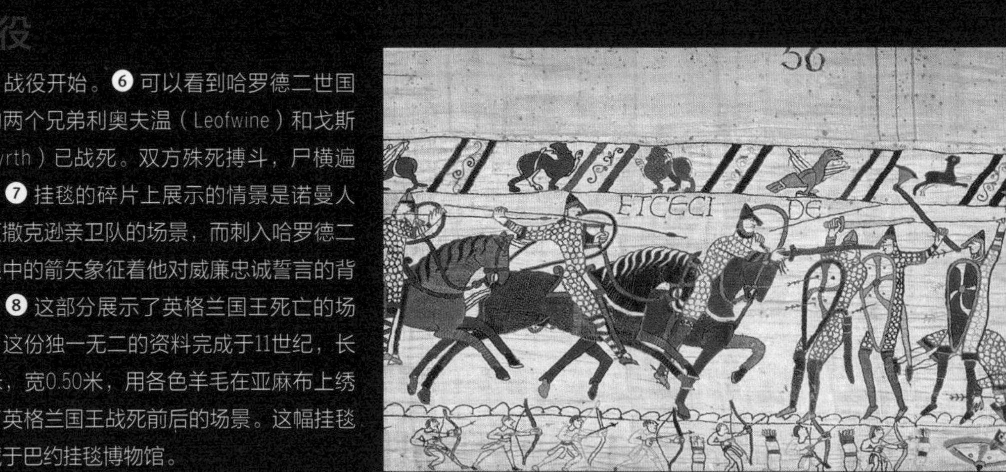

5.
6.
7.
HAROLD HIC:APPREHENDIT:VV
2
40.
41
VERY NT:hESTINGA:
VTCIBVM RAPERENTVR:
HIC:EST:VVAD AR D:
4
5
57
QVIERANT:CVM hAROLDO:
HIC
hARO LD:REX:INTERFEC
TVS:EST
7
8

他与诺曼底公爵和未来的英格兰国王威廉（威廉一世）的关系也逐渐恶化：由于“虔诚者”罗贝尔[5]（Robert le Pieux）的关系，双方在起初还能保持友好，但随后长久的敌意逐渐被激化。

除了双方实在的分歧之外，亨利一世和威廉还有一个共同的对手，即安茹伯爵“铁锤”若弗鲁瓦二世（Geoffroi Ⅱ Martel）——他是残酷的“黑”富尔克三世（Foulques Ⅲ Nerra）之子。但在这场冲突中，威廉很快就背叛了亨利一世，并试图与安茹伯爵结盟对抗国王。对王室来说，随后发生的战役一场比一场糟糕。谨慎起见，亨利一世传位给了年幼的儿子腓力一世（Philippe Ⅰ^{er}），并请妻子代为理政。1060 年，亨利一世去世后，基辅的安娜以腓力一世之名成为法兰西王国的摄政。

腓力一世继位之初，法兰西王国在规模和重要性上与那片地区的众多公国并无二致，但这位新国王政治眼光独到，立志加强统治，让“王权”二字不再只具有象征意义。腓力一世多次利用封建领主、公爵和伯爵之间的冲突巩固自身实力，同时削弱敌对势力。腓力一世极其会利用诺曼底的罗贝尔（Robert de Normandie，罗贝尔·柯索斯）对其父亲“征服者”威廉（威廉一世）的不满，当威廉成为英格兰国王后，他马上提醒罗贝尔·柯索斯不要忘记自己封臣的地位。在随后诺曼底的罗贝尔和他的兄弟英格兰的威廉二世（Guillaume Ⅱ d'Angleterre）之间爆发的冲突中，腓力一世也扮演了类似的角色。

在所有这些事件中，腓力一世采取强硬手段，获得了主教们的支持。腓力一世买卖空缺主教席位，毫无内疚之情；从事着贩卖圣职的活动，其规模和程度在欧洲无与伦比。在腓力一世看来，这种做法合情合理，因为 11 世纪卡佩王朝（Capétiens）的皇家统治就是控制领土，在国王和臣民之间没有任何伯爵可介入的空间。因此，腓力一世偏爱下层贵族，也从未试图遏制这些人的掠夺行为和对钱财的渴望，甚至有传言说他曾积极支持这些人。腓力一世与教廷也发生过冲突，尤其是教皇格列高利七世曾指责他贩卖圣事（买卖圣物、圣职）。

[5]“虔诚者”罗贝尔，即罗贝尔二世，亨利一世之父，法兰西卡佩王朝第二位国王。——译者注

尽管采取了这些策略，腓力一世还是无法阻止封建法的形成。随着时间的流逝，这一法律规则逐渐渗透到贵族的思想中并塑造了阶级意识，而国王们从未战胜过这股力量。正因为如此，各公国的领主虽然理论上是腓力一世的封臣，但实际上王权对其并没有约束力，如安茹伯爵和阿基坦（Aquitaine）公爵等仍然是独立的领主。还有一部分贵族，虽然名义上与王室关系密切，但明确表示希望获得独立于国王的统治权，如巴塞罗那（Barcelone）伯爵。

在北部领土上，法兰德斯伯爵鲍德温五世和“卷发”罗贝尔一世（Robert Ier le Frison）也拥有政治上的独立。他们鼓励农业扩张，促进贸易发展，鼓励在弗拉芒人（Flamands）的城市建立纺织厂和手工业作坊。此外，他们与国王的态度相反，严格禁止下层贵族们的掠夺行为。

东西教会大分裂

关于 11 世纪新欧洲的基础背景，有一个时间和一个事件非常重要——1054 年，教皇利奥九世（Léon Ⅸ）和君士坦丁堡的普世牧首（patriarche，宗主教）米海尔一世・色路拉里乌（Michel Ier Cérulaire）之间发生了争执。双方冲突的起因却是一件平常的甚至微不足道的小事，即礼拜时使用的圣体饼：拜占庭教会使用发酵的面包，而西方教会使用未发酵的面包。为了解决这一分歧，罗马教皇派以穆瓦昂穆捷的洪贝特（Humbert de Moyenmoutier）为首的使团前往君士坦丁堡，他们在到达目的地之后立即在君士坦丁堡圣索菲亚大教堂的主祭坛放上教皇的绝罚令，并将牧首及其主要支持者逐出教会。米海尔一世・色路拉里乌的回应则是将这几位罗马使者逐出教会。

需要指出的是，东西教会之间的严重分歧由来已久。自 9 世纪佛希亚斯（Photios）分裂以来，双方的分歧不断加深且次数越来越多，其间多次尝试解决问题却无济于事。但是，这一次教会的彻底分离，也导致了罗马帝国的分裂。由于政治和战略原因，双方自 4 世纪初就开始渐行渐远，而现在礼仪和教义的问题已将东、西教会的关系推上了不归路。

诺曼底与英格兰之间的争斗

1066年

黑斯廷斯 “征服者”威廉（威廉一世）跨越海峡，在黑斯廷斯击败哈罗德二世，成为英格兰国王。

1066—1087年

诺曼霸权 威廉用诺曼贵族替换掉盎格鲁-撒克逊贵族，并在王国各地兴建城堡。

1087—1100年

继承人之战 威廉死后，他的两个儿子为了争夺英格兰和诺曼底的统治权而展开对抗。

1087—1100年

亨利一世 战胜自己的兄弟罗贝尔，成为新的君主。其女玛蒂尔达（Mathilde）嫁给了安茹伯爵若弗鲁瓦（Geoffroi），但他没有儿子。

1135—1154年

布卢瓦的埃蒂安（Étienne de Blois，斯蒂芬） 这位亨利一世的侄子继承了英格兰王位，但被安茹伯爵若弗鲁瓦夺走了诺曼底。此后，斯蒂芬（威廉一世的外孙）与安茹伯爵若弗鲁瓦达成协议，自己死后将由若弗鲁瓦之子亨利（Henri）继承英格兰王位，称亨利二世（Henri Ⅱ）。

1054年以后，基督教分为西方教会和东方教会，双方都有自己独特的传统。这样，一道无形的宗教红线将欧洲和地中海一分为二，斯拉夫人受分裂的影响最大。他们中的一些人，如俄罗斯人、保加利亚人和塞尔维亚人等继续受拜占庭的影响；而波兰人、斯洛伐克人、斯洛文尼亚人、摩拉维亚人、捷克人和克罗地亚人则与罗马走得更近。

枢机主教（cardinal，又称红衣主教）穆瓦昂穆捷的洪贝特，他不仅受命宣读教皇除籍判书，还是深度改革教廷的支持者；此外，他

还非常关注买卖圣职的问题。与此同时，教皇尼古拉二世（Nicolas Ⅱ）的政策也颇受他的启发。在1059年的拉特兰（Latran，又译拉特朗）主教大会上，尼古拉二世颁布了一条主要针对皇帝的教令，将教皇的候选人限定为枢机主教，任何在俗教徒都无法参选。《反买卖圣职者》（*Adversus simoniacos*）是枢机主教穆瓦昂穆捷的洪贝特的主要著作之一，这本书向拉丁教会给出了严格遵守教义的精神指引，以对抗拜占庭的宗教学说。此外，会议上还提出了将对抗穆斯林定义为“圣战”（guerre sainte）的想法。

国家和贵族阶级

14世纪《圣但尼编年史》（*Chroniques de saint Denis*）中的彩画，描绘的是1047年诺曼底公爵威廉与法兰西国王亨利一世联手平息诺曼底贵族叛乱的瓦尔斯沙丘战役（Val-ès-Dunes）。现藏于伦敦大英图书馆。

宗教论战与欧洲分裂

史官将“1054大分裂”称作东西教会真正的分离。正是在这一年，教皇的使者和君士坦丁堡牧首互相将对方除籍。

在这一年，教皇的使者穆瓦昂穆捷的洪贝特和君士坦丁堡牧首米海尔一世·色路拉里乌确实互相将对方除籍。此次分歧本来只是微不足道的小事，但东西教会的关系从迈入中世纪以后就已经变得相当躁动。到了12世纪，由于文化和地理上的原因，以希腊人、俄罗斯人和保加利亚人为主的东方教会，与以拉丁人、日耳曼人和盎格鲁-撒克逊人为主的西方教会之间的分歧越来越大。神学理念上的不和与地缘政治利益混杂在一起，不仅让教皇和君士坦丁堡牧首深陷其中，拜占庭人、日耳曼人、加洛林人、法兰西人、阿拉伯人、伦巴底人（Lombards）、诺曼人、威尼斯人和土耳其人也都牵扯其中。以前，类似的严重分裂也有过，如查理曼大帝（Charlemagne）在《尼西亚信经》中加入“和圣子”（Filioque，拉丁语）。到了16世纪，在讨论反宗教改革的分裂特征时，人们才开始谈论东方教会分裂这件事。

就这样，1054 年在伊比利亚（Ibérique）半岛针对巴尔瓦斯特罗（Barbastro）和其他穆斯林城市发起的军事行动都被教皇亚历山大二世（Alexandre Ⅱ）定义为“圣战”。

东西教会分裂以后，教皇还鼓励意大利南部的诺曼贵族将拜占庭军队和行政人员驱逐出境。1071 年，巴里（Bari）城的陷落就是罗马教会和君士坦丁堡教会分裂的后果之一。

萨利安王朝

1024 年，52 岁的神圣罗马帝国皇帝亨利二世驾崩。在如今德国所处的这片土地上，有两个亟待解决的问题：重新召集帝国议会，同时选出一位新皇帝并让各个手握实权的联盟国达成协议，而当务之急是从非萨克森（Saxon）部落中选取一人继承帝位。在亨利二世的遗孀卢森堡的库妮根德（Cunégonde de Luxembourg）皇后的努力下，这些问题得到成功解决。在领主们的建议下，库妮根德皇后定于 1024 年 9 月 4 日在美因茨为新皇加冕，而她并不反对将萨克森先皇的皇位传给一位法兰克人。在一众候选人中，有两位法兰克领主格外引人注目，他们不仅是堂兄弟，还拥有相同的名字——康拉德（Conrad）。最后，较为年长的法兰克尼亚（Franconie）公爵胜出，以萨利安的康拉德二世（Conrad Ⅱ le Salique，1024—1039 年在位）之名加冕。

帝国之鹰

这是一枚 11 世纪的黄金宝石胸针，曾经的主人是康拉德二世（Conrad Ⅱ）之妻吉塞尔（Gisèle）。现藏于美因茨（Mayence）州立博物馆。

康拉德二世采取的政策旨在团结领地内不同民族（法兰克人、萨克森人、巴伐利亚人和阿勒曼尼人［Alamans］）的贵族们。在安抚了意大利之后，康拉德二世积极推动建立一些以皇帝为中心的附庸国，而其他国家也纷纷效仿。因此，在神圣罗马帝国乃至欧洲其他地方，

巴塞尔的帷幔

巴塞尔（Bâle）大教堂祭坛上这块黄金覆盖的帷幔于1024年制作完成，上方享受天福的基督(Christ，指耶稣）被大天使围绕，脚下可以看到资助者的名字——班贝格的亨利二世（Henri Ⅱ de Bamberg，神圣罗马帝国皇帝）及其妻子卢森堡的库妮根德。现藏于巴黎克吕尼（Cluny）博物馆——国立中世纪博物馆。

小贵族（vavasseurs，英语vavasour，即封臣的封臣）的数量迅速增加，他们也成为直接效忠于皇帝的诸侯。意大利小贵族或其同级贵族中的佼佼者——德意志属臣（ministériaux，英语ministerialis）形成了一个名副其实的贵族阶层，是帝国皇室的重要臣僚。皇帝将部分高级官员提拔为公爵、伯爵一级的贵族，并不太过考虑其中一些人低微的出身。

康拉德二世于1037年颁布《封建法令》（*Constitutio de feudis*，亦称《帕维亚法令》[*Constitution de Pavie*]）时给予了意大利小贵族极大的信任，不仅让他们享有封地的世袭继承权，还在法律上规范了他们的权利和义务。上级贵族对此表达了强烈不满，极端分子甚至策划阴谋想将法令扼杀在萌芽中，但这些努力却都是徒劳，一部分人还遭受了严厉的惩罚。在压制了反对的声音之后，康拉德二世召集议会，将皇位传给了当时掌管士瓦本（Souabe）、巴伐利亚（Bavière）和法兰克尼亚三个公国的儿子亨利（Henri，亨利三世［Henri Ⅲ］）。继位后，亨利巡防了莱茵河（Rhin）畔的罗马主要传统城市，最后到达乌得勒支（Utrecht），并打算在那里庆祝“圣灵降临节”（Pentecôte，又称“五旬节”）。

康拉德二世将帝位传给儿子亨利三世的过程毫无风波。当时，亨利三世 22 岁，是一位性格沉着冷静、受过良好教育且信仰极其虔诚的年轻人。亨利三世的传记作者、萨利安王朝御用史官勃艮第的威波（Wipon de Bourgogne）曾指出，亨利具有整个基督教世界都期待的伟大君主的一切特质。在经历了与丹麦公主根希尔达（Genhilda de Danemark）的第一次婚姻后，亨利三世于 1043 年迎娶了阿基坦公爵之女普瓦捷的阿涅斯（Agnès de Poitiers）。

在康斯坦茨（Constance）大教堂的讲坛上宣布原谅所有敌人并接受主教们倡导的和平教义后，亨利三世前往罗马，在那里参与了可能是当时最重大的一起历史事件。事实上，亨利三世支持罗马教皇对抗买卖圣职行为和尼哥拉主义（le nicolaïsme）。对于罗马教廷内部已经萌芽的改革运动，亨利三世也意识到其重要性和深度。于是，亨利三世不顾大多数人的反对，推举自己的同胞出任教皇，即克雷芒二世（Clément Ⅱ），而后者是唯一一位安葬在德意志的教皇，他的石棺现存于班伯格（Bamberg，又译巴姆贝格）主教座堂。

在亨利三世生命的最后几年里，他采用各种手段试图操纵教廷的内外事务，但结果事与愿违。在罗马教廷内部，渐渐得势的是议事司铎（chanoine，兼主教代理）希尔德布兰德·阿多布兰德斯齐（Hildebrand Aldobrandeschi），也就是后来的教皇格列高利七世。

在东西教会大分裂两年后的 1056 年 9 月，亨利三世这位坚定的反分裂者移驾戈斯拉尔（Goslar），住进此前下令建造的宏大行宫。在这里，亨利三世接见了不少对未来的对敌方针感兴趣的神职人员和贵族，甚至教皇也曾莅临。同年 10 月 5

日，还不满 39 岁的亨利三世去世，而在此前不久他刚刚颁布了大赦令。对此，当时的一位编年史家写道，“秩序和正义也随他而去了”。

幸运的是，当时教皇格列高利七世正好在戈斯拉尔，他帮助皇后普瓦捷的阿涅斯组织摄政，因为亨利三世唯一幸存的儿子亨利四世当时年仅 6 岁。

亨利四世的执政期长达五十年，准确地说是 1056—1105 年。在正式加冕皇帝前，这位“罗马人民的国王”很快就感受到与神职人员间的巨大分歧，而其中的原因也多种多样。当还在孩童时期时，亨利四世就被指定迎娶萨伏伊（Savoie，法语今译作萨瓦）伯爵奥托一世（Othon Ier）和苏萨的阿德莱德（Adélaïde de Suse）之女都灵的伯莎（Berthe de Turin）。这次联姻虽然对亨利四世在意大利和萨伏伊的家族非常重要，但他本人却一直都在寻找机会与妻子离婚，而这也是他拒绝在帝国实施教皇特使皮埃尔・达米安（Pierre Damien）传达的新改革措施的原因。

亨利四世并没有像父亲亨利三世那样谨小慎微，而是更愿意延续祖父康拉德二世的专制路线。亨利四世设计的野心勃勃的计划招来了多方的敌意。事实上，亨利四世大力支持康拉德二世提拔的帝国高官，从而得罪了传统贵族和许多神职人员，尤其是萨克森人。这些高官都具有国家和社会核心群体的所有特征，他们逐渐形成了一个世袭的阶层，不仅有代代相传的物质财富，还有积累的社会地位和权利，这实际上给他们赋予了贵族的属性。

卡诺莎之行

在 1073 年 4 月 22 日教皇亚历山大二世去世后，接任他的是颇有影响力的主教代理希尔德布兰德，史称格列高利七世。新教皇格列高利七世坚定拥护教廷改革，也深受民众爱戴。但是，格列高利七世的当选给亨利四世带来了不少麻烦，后者不得不依靠自己的特权暂时抑制住改革的冲动。为了暂时缓解当时的困境，格列高利七世求助于托斯卡纳（Toscane）女伯爵卡诺莎的玛蒂尔达（Mathilde de Canossa，或称托斯卡纳的玛蒂尔达［Mathilde de Toscane］）。这位意大利北部的统治者管辖着大片领地，除了托斯卡纳，还有波河（Pô）与亚平宁山脉（Apennins）之间的多个郡县，而她在执政期间也展现出非凡的能力。

教廷和神圣罗马帝国之间的冲突，或者按当时的教规学者的说法——教权和皇权之间的冲突随着《教宗训令》（*Dictatus Papae*）的颁布而加剧，该文件阐述了一系列教会法概念，规定了教皇和教会在相关领域中至高无上的地位。因此，格列高利七世号召天主教世界，特别是德意志的高级教士们，制止教会人士的圣职买卖和教士同居行为。

为了表明自己并没有倒行逆施，新教皇格列高利七世颁布了第一纸关于叙任权的教令，禁止包括皇帝在内的世俗君主被任命宗教职务。这一举措与亨利四世加强皇帝对主教和修道院长控制的政策相悖，导致他在是否接受该教令的问题上十分犹豫。在一些德意志和意大利圣职人员任命的问题上，双方爆发了正面冲突。格列高利七世宣布，如果亨利四世拒绝接受教令，他将罢黜其皇位。怒不可遏的亨利四世于 1076 年 1 月 24 日在沃尔姆斯（Worms）召开教会会议，并在会上宣布废黜教皇格列高利七世。在主教们的支持下，亨利四世给教皇写了一封信，信中表明了自己采取该行动的权利。

教皇格列高利七世也立即做出回应，在同年 2 月举行“四旬斋期”（Lenten）教会会议，宣布免除所有曾参与沃尔姆斯会议主教的职务，并给予时间让他们重新考虑自己的立场。与此同时，格列高利七世还通过将亨利四世逐出教会并剥夺其“罗马人民的国王”的头衔的方式展现自己的权威。与此同时，亨利四世腹背受敌：日耳曼领主和君主们纷纷要求他在一年期限内赦免教皇，并威胁说如不照办将召集议会推选新皇帝。为了强调所言非虚，他们次年（1077 年）在奥格斯堡（Augsbourg）召集了议会，并邀请教皇格列高利七世亲自主持。

这场政变由士瓦本公爵莱因费尔登的鲁道夫（Rodolphe de Rheinfelden）、巴伐利亚公爵韦尔夫一世（Guelfe de Bavière）和哲林根公爵贝特霍尔德（Berthold de Zähringen）主导，他们封锁了阿尔卑斯山的道路以阻止皇帝亨利四世前往伦巴底（Lombardie，又译伦巴第）。身处帝国议会的对立面，亨利四世唯一的自救方法就是请求教皇的原谅。亨利四世找到一条途经妻子伯莎领地的路，在严酷

施派尔主教座堂

施派尔（Spire）主教座堂是欧洲现存最重要的罗马式建筑之一。教堂始建于康拉德二世在位期间的 1030 年，竣工于 1061 年，彼时亨利四世（Henri Ⅳ）还未成年。上图为大教堂的地下室。

亨利三世黄金福音（第 41 页）

圣母玛利亚脚边的两人可能是皇帝夫妇，背景中矗立着的是施派尔主教座堂。这幅作品作于 11 世纪，现藏于埃斯科里亚尔（San Lorenzo d'El Escorial）皇家修道院。

的冬天翻越了阿尔卑斯山，而在山的另一边教皇格列高利七世也跨越了亚平宁山脉，在离帕尔马不远的卡诺莎——托斯卡纳女伯爵玛蒂尔达的城堡里耐心等待着亨利四世的到来。

亨利四世赤着脚在城堡前忏悔了整整三天后，教皇才同意接见他，并于 1077 年 1 月最终同意赦免其罪。在托斯卡纳女伯爵玛蒂尔达为两位贵客准备宴席期间，亨利四世和教皇都在思量谁才是最后的赢家。根据编年史家记载，虽然席间饭菜非常精致（卡诺莎的香醋在欧洲宫廷中享有盛名），但亨利四世和教皇两个人却都只吃了几口。

ME TIBI COMMENDO
PRAESENTIA DONA FERENDO
+ O REGINA POLI ME
SCA
MARIA
AGNES
REGINA
PATREM CVM MATRE

叙任权斗争：君主与教会的冲突

在皇帝通过授予仪式向教会分封土地的机制中，主教、修道院长、牧师、神父（神甫）都是世俗君主们的臣属。到了格列高利七世主政的11世纪后期，世俗君主和教会之间爆发了冲突，而教皇在冲突中扮演了决定性的角色。

皇帝亨利四世拒绝继续遵守1074年颁布并成功结束了日耳曼人政教合一体制的教皇令，而这一决定引发了帝国行政圈内众多神职人员的反对。皇帝将教会职务委托给自己的亲属、侍从和军队头目，形成了一股亨利四世可以倚仗的力量。1075年，亨利四世因拒绝接受格列高利七世的《教宗训令》而被革除教籍，并在经历了佯装忏悔的卡诺莎之行后仍被罢黜皇位，最后导致罗马内战爆发。1084年，对立的教皇克雷芒三世上位并恢复了亨利四世的皇位，这促使格列高利七世请求西西里的诺曼人罗贝尔•吉斯卡尔（Robert Guiscard）帮忙，而后者顺势占领并洗劫了罗马。叙任权斗争一直持续到法兰西人教皇加里斯都二世（Calixte Ⅱ）掌权时期沃尔姆斯宗教协定的达成（1122年），此后格列高利七世的教理被重新确立——神职人员的叙任权归教会掌管，而世俗官员的任命权由国王负责。

插图　乔凡尼•比亚尼（Giovanni　Villani）为卡诺莎之行创作的小彩画《新编年史》（*Nouvelle Chronique*），作于14世纪。现藏于梵蒂冈图书馆。

意大利的诺曼人

11世纪中叶，意大利南部呈现四分五裂的状况。拜占庭帝国（Empire byzantin）占据着普利亚（Pouilles）和卡拉布里亚（Calabre），伦巴底地区鼎立着三个公国（萨莱诺［Salerne］、卡普阿［Capoue］、贝内文托［Bénévent］）和三个海洋共和国（那不勒斯［Naples］、加埃塔［Gaète］、阿马尔菲）。在长期争斗的背景下，势力强大的领主会招募诺曼雇佣兵。这些雇佣兵中有一位引人注目的年轻人，他就是科唐坦（Cotentin，又译科坦丁）半岛小贵族——欧特维尔的坦克雷德（Tancrède de Hauteville）的十二个儿子之一。

1041年，欧特维尔的坦克雷德的长子威廉（Guillaume）和次子德罗戈（Drogon）率军处理当地大族之间的争端。此后成为欧特维尔的坦克雷德家族最著名成员的罗贝尔·吉斯卡尔（Robert Guiscard）也在此时崭露头角，他决定先夺取拜占庭的卡拉布里亚。罗贝尔·吉斯卡尔有着传奇的经历，首先作为强盗首领打家劫舍，然后成为真正的一方诸侯，致力于意大利南部的统一，甚至成了教皇的亲信。1059年，根据《梅尔菲条约》，教皇尼古拉二世将普利亚公国、卡拉布里亚公国和西西里公国分封给了罗贝尔·吉斯卡尔，将卡普阿公国赏赐给了他的表兄阿韦尔萨的理查（Richard d'Aversa）。由此，罗马教廷认可了这些诺曼公国的合法性。

此后几年，烽烟不断。罗贝尔·吉斯卡尔为了争夺西西里的控制权不断与拜占庭交锋，而他的兄弟鲁杰罗一世（Roger Ier de Sicile，又译罗杰一世）在岛上扮演的角色也越来越重要。在教皇格列高利七世与亨利四世之间爆发的叙任权斗争期间，罗贝尔·吉斯卡尔坚定地站在了教廷一边。在意大利，罗贝尔·吉斯卡尔是唯一能对抗亨利四世威胁的军事势力。尽管如此，罗贝尔·吉斯卡尔也不愿意直接支持教皇，因为他将更多精力放在了他心中的人生终极目标上——侵占拜占庭帝国，而当时的环境似乎对他有利。塞尔柱人（Seldjoukides）已经开始吞食拜占庭帝国位于亚洲的一些省份；而在多瑙河（Danube）一线，佩切涅格人（Petchenègues）对色雷斯（Thrace）地区的城镇虎视眈眈，甚至威胁要长驱直入直达君士坦丁堡。

阿马尔菲主教座堂

阿马尔菲（Amalf）主教座堂的主体建筑于10—12世纪建造，风格融合了阿拉伯和诺曼元素，后者主要通过哥特式建筑尖拱顶交叉的肋架得以体现。庇护所内曾安放圣安得烈（André）的遗骸，后在1204年君士坦丁堡围城期间被教皇特使卡普阿的彼得（Pierre de Capoue）转移。

1071年，罗贝尔·吉斯卡尔占领了巴里（Bari），这一胜利让他有机会跨越亚得里亚海（Adriatique）并包围底拉西乌姆（Durrës，阿尔巴尼亚语，今阿尔巴尼亚城市都拉斯）。1081年，罗贝尔·吉斯卡尔攻下城池之后，认为拜占庭帝国已唾手可得。不过，拜占庭皇帝阿历克塞·科穆宁（Alexis Ier Comnène）仍手握一些外交资源，他把国库中所剩无几的金银珠宝赠与亨利四世并请求他去普利亚煽动叛乱。罗贝尔·吉斯卡尔见状立即调转马头返回自己的后方，以免人力、物力补给被切断而陷入孤军深入的境地。这次战略行动最终导致罗贝尔·吉斯卡尔于1084年攻入罗马城，拯救了落难的教皇格列高利七世，赶走了日耳曼军，并将城市洗劫一空。一年以后，在镇压了意大利南部贵族的叛乱之后，罗贝尔·吉斯卡尔决定重新向拜占庭发起进攻，但在1085年7月却不幸逝世，终年70岁。罗贝尔·吉斯卡尔的离去，标志着诺曼人在意大利南部纵横驰骋的“英雄时代”落下帷幕。

匈牙利王国

9世纪末，马扎尔人（Magyars，匈牙利人［Hongrois］）已经从对抗东法兰克王国国王奥托一世大帝（Othon Ier le Grand）的莱希河（Lechfeld）原野之战（955年）的惨败中恢复元气。在强盛的阿尔帕德（Árpád）王朝时期，他们与神圣罗马帝国达成和解，而这样的立场也得到了前来传播基督教的众多捷克传教士的支持。996年，阿尔帕德王朝的重要成员匈牙利的伊什特万一世（Étienne Ier de Hongrie，1000—1038年在位）迎娶了神圣罗马帝国皇帝亨利二世的妹妹巴伐利亚的吉塞尔（Gisèle de Bavière，又译吉塞拉），两国关系得到进一步加强。四年后，接受洗礼的伊什特万一世加冕成为国王。仪式上，教皇西尔维斯特二世（Sylvestre Ⅱ）亲自为伊什特万一世戴上皇冠，承认匈牙利王国为基督教世界的一员。新国王伊什特万一世向臣子们下达皈依的法令，很快匈牙利整个国家改宗至基督教。马扎尔人摒弃了此前劫掠和战争的传统，迎来了新的时代。为实现这样的结果，国王伊什特万一世花费了大量的精力，这也是为什么其死后不久就被封圣。

匈牙利王国成立之初遭遇的最大损失肯定是伊什特万一世之子亚米利（Émeric de Hongrie）的去世，而这导致伊什特万一世匆匆指定了妹妹的儿子，也就是外甥彼得（Pierre）为王位继承人。彼得的父亲是威尼斯总督欧托内·奥赛欧罗（Ottone Orseolo），这也是为什么他被称为匈牙利的彼得·奥赛欧罗（Pierre Orseolo de Hongrie）。指定继承人的决定在匈牙利贵族圈内部引发了巨大的分歧甚至内战。但另一方面，匈牙利也开始向南扩张，控制了多瑙河下游部分地区以及亚得里亚海的一些港口。

匈牙利王国的真正缔造者是1077—1095年掌权的拉斯洛（Ladislas，拉斯

该隐（Caïn）与亚伯（Abel）

这块11世纪的象牙牌呈现了《创世记》中的著名章节。作品来自萨莱诺（Salerne）大教堂，教堂是由诺曼人的西西里王国奠基人（1071年）、11世纪意大利重要的政治人物，被称为“狡诈者”的欧特维尔的罗贝尔（Robert de Hauteville，罗贝尔·吉斯卡尔）发起建造的。

洛一世）。这段时期，匈牙利国内依然有一些异教徒，而国王可能是他们最大的敌人。与此同时，拉斯洛还将克罗地亚纳入了自己王国的版图。1091年，克罗地亚最后一位国王德米特里·兹沃尼米尔（Dmitar Zvonimir）驾崩，他的遗孀海伦（Hélène）便邀请兄弟拉斯洛来继承这片土地。当时，拉斯洛正忙于抵抗来自中亚大草原的游牧民族佩切涅格人，他在一段时间后才予以答复。在完成了既定的军事

目标以后，拉斯洛便开始准备占领达尔马提亚（Dalmatie）的几座海滨城市。吞并克罗地亚的行动很快开始，最终由下任国王即拉斯洛的侄子卡尔曼一世（Coloman Ier）将其完成。不过，卡尔曼一世不具备叔叔拉斯洛那样的政治才能，最终落入四面受敌的境地，以致克罗地亚贵族、教皇、威尼斯王国和拜占庭皇帝阿历克塞·科穆宁都将其在亚得里亚海地区的扩张行为视为重大威胁。

匈牙利圣冠

11 世纪或 12 世纪作品，至少有十五位国王曾佩戴过这顶黄金镶嵌宝石的王冠，而未佩戴过此冠的匈牙利国王仅有三位。因此，它被称为“圣伊什特万冠”，并在 1256 年后也被匈牙利人称为“圣冠”。现藏于布达佩斯（Budapest）匈牙利国家博物馆。

东方和西方

威斯敏斯特大教堂中的世界地图，作于13世纪。现藏于伦敦大英图书馆。

插图（右侧）一名十字军骑士的十字架，现藏于巴黎克吕尼博物馆——国立中世纪博物馆。

普世秩序

封建时代从第一时期向第二时期过渡的过程中，普世秩序经历了一些调整。按照教会的理念，世界是包含精神力量和世俗力量的一个整体。在这个时期，不仅叙任权斗争所造成的危机得以解除，还发生了收复失地运动、第一次十字军东征和征服耶路撒冷等大事件。

屈辱的卡诺莎之行并没有让神圣罗马帝国皇帝亨利四世丢掉皇位，而是为他今后的统治开启了新的篇章。结束了意大利北部之行后，亨利四世于 1077 年 4 月返回故土并下定决心让当时召集议会反对自己的贵族们再次臣服，而外交上的成功让他能够顺利废黜士瓦本公爵莱因费尔登的鲁道夫、巴伐利亚公爵韦尔夫一世和哲林根公爵贝特霍尔德。不过，亨利四世的反击并没有止步于此：在 1080 年的“四旬斋期”教会会议上，他公开表示与格列高利七世决裂，指责教皇颠覆德意志古法和传统习俗，尤其拒绝让世俗势力插手教职人员的叙任权。

教皇格列高利七世重拾改革意愿，并再次将神圣罗马帝国皇帝亨利四世开除教籍。在与诺曼人结盟之后，教皇格列高利七世便在罗马的圣天使城堡布防，虽然成功抵挡对手的希望并不大。果然，亨利四世的大军攻下罗马，扶植了一位新教皇——克雷芒三世，并于 1084 年 3 月 31 日重新夺回了皇帝的头衔。

这场争斗没有赢家和输家，亨利四世夺回了自己的土地，而格列高利七世不得不和诺曼盟友罗贝尔·吉斯卡尔（“狡诈者”罗贝尔）一起撤退至萨莱诺（Salerne）城。1085 年 5 月 25 日，在格列高利七世弥留之际，他给后世留下了这句著名的话：“我曾追寻公义而摒弃邪恶和不公，因此我殉于流亡！”仅从表面上看，格列高利七世确实是个失败者，但实际上他取得了一项了不起的成就：只用了不到二十年的时间，世俗君主对圣职几乎不再有叙任权，而禁欲、禁止买卖圣职、世俗和教会权力分离这些改革性原则也得以保留。

在教义方面，格列高利七世的理念核心是教权高于皇权，他的改革精神在接下来的几百年中持续渗透，让皇帝对教会的影响力消失殆尽。教规学者还提出了罗马教廷是罗马帝国的唯一合法继承机构，教皇是罗马帝国皇帝权力和权威的唯一合法继承人的观点。当然，许多欧洲的王公贵族都同意削弱皇权，并竭尽心力实现教皇的征服计划。

卡斯蒂利亚王国

格列高利七世和他的继任者们一直支持莱昂（León）和卡斯蒂利亚（Castille）国王阿方索六世（Alphonse Ⅵ），虽然阿方索六世的所作所为常常颇具争议，但这位忠于教会、气宇轩昂的年轻人浑身散发着“征服者”威廉（威廉一世）的气质。阿方索六世声名狼藉，坊间到处流传着他弑兄的传言。事实是，阿方索六世确实继承了“强者”桑乔二世（Sanche Ⅱ le Fort）的王位，而桑乔二世的死因也一直是个谜；他的另一位兄弟也遭终身囚禁，一位表兄也离奇地摔下悬崖丧命。

然而，这些传言并不能掩盖阿方索六世对教皇格列高利七世的承诺，即自己的

阿方索六世：穆拉比特王朝和向欧洲开放的伊比利亚半岛

作为卡斯蒂利亚、莱昂和加利西亚（Galice）的国王，阿方索六世征服了南部的穆斯林泰法（taifas）小王国，并于1085年攻陷了托莱多。卡斯蒂利亚军队在托莱多地区占尽优势，并且攻占了包括塔拉韦拉（Talavera）在内的数座堡垒，感觉到威胁的科尔多瓦（Cordoue）、格兰纳达（Grenade）、塞维利亚（Séville）和巴达霍斯（Badajoz）纷纷向穆拉比特（Almoravides）王朝请求军事援助。

穆拉比特王朝酋长（émir）优素福·伊本·塔什芬（Youssef Ibn Tachfin）率领大军挺进伊比利亚半岛，在萨拉卡（Zalaca）战役（1086年）中击败了阿方索六世。落败的阿方索六世逃回托莱多，重整败军并向欧洲各国求援。优素福·伊本·塔什芬并没有乘势追击，而是将军队撤回至马格里布（Maghreb，北非一地区）。虽然北方的欧洲诸国也确实对伊比利亚半岛的基督教王国施以援手，但卡斯蒂利亚军在阿尔莫多瓦–德尔里奥（Almodóvar del Río，1090年）、孔苏埃格拉（Consuegra，1097年）、库列拉（Cullera，1102年）屡次败于穆拉比特军队后开始走向衰落。阿方索六世虽然没有参与十字军东征，但他通过将两个女儿嫁给勃艮第公爵的联姻手段将勃艮第家族势力引入伊比利亚半岛。

插图　《圣约书》（*Livre des testaments*）中的插画，西班牙罗马式艺术瑰宝，该艺术风格正是始于阿方索六世执政时期。现藏于奥维耶多（Oviedo）主教座堂。

王国将臣服于教廷。为了表忠心，阿方索六世摒弃了西哥特人留下的礼拜仪式，取而代之的是罗马礼拜仪式。除此之外，阿方索六世还做出一系列象征性动作来证明自己绝不会出尔反尔。例如，阿方索六世曾脚踢一本西哥特礼拜用书，然后将它扔进火堆里。作为教皇事业的坚定支持者，阿方索六世所做的一切都是为了取悦格列高利七世。不过，有一件事颇能够展现出教皇和这位莱昂和卡斯蒂利亚国王之间牢不可破的联盟关系，但讽刺的是这件事发生在格列高利七世的弃世之日。1085 年 5 月 25 日，阿方索六世进入古西哥特王国的首都托莱多（Tolède），而教廷就这样夺回了一座圣城。托莱多是著名的会议所在地，此前促成西班牙教会建立的宗教评议会正是在这里召开的。为了纪念这段渊源以及与教廷的联盟，阿方索六世在托莱多城的高处安放了一个象征胜利的巨型十字架。

接受了教皇格列高利七世的赐福后，阿方索六世得到了“蒙上帝恩典的全西班牙皇帝”和“西班牙所有民族的皇帝”的头衔，这也意味着他对包括基督徒、穆斯林和犹太人在内的所有群体都拥有统治权。在托莱多，三种宗教、三种文化并存的状况也坚定了帝国统治的设想。此外，如果基督教世界同时存在多位皇帝，那么这个头衔的价值就会被削弱，而始终保持独一无二属性的只有教皇的权力。

塔霍河（Tage）沿岸边境防御的加强为阿方索六世的居民安置计划开拓了新天地。由于国王承诺分配肥沃的土地，许多来自杜罗（Duro）山谷的农民开始来此定居。新城市很快设立起市政议会；而夺取的部分王室财产、土地也划归到国王名下，以免被世俗领主或各种教会成员所侵占。这些市政议会有权组建城防军，由此诞生了城市骑兵（caballería villana）这一典型的西班牙组织，而这些人既不是贵族也不隶属于军队。骑兵团成员通常来自富裕的市镇，因此人们在称呼他们时会加上定语“城市”。市政议会就这样构建了新的社会组织，并鼓励新移民的到来。不过，这样的组织结构很快就与教会鼓励在边境地区成立军事修会[6]（ordres militaires）的新指示发生了冲突。

与此同时，国王阿方索六世采取的市政议会政策能够应对来自撒哈拉（Sahara）地区的柏柏尔人（Berbères），即皈依伊斯兰教马立克派（malékite）的穆拉比特

[6] 中世纪基督教以“骑士”命名的修会的统称。——译者注

人的突然进攻，而穆拉比特王朝的军队在塞维利亚、巴达霍斯和格拉纳达这些泰法王国遭遇严重军事打击之前来到了安达卢斯[7]（Al-Andalus）。阿方索六世集结了所有军队向南进军，随后在埃斯特雷马杜拉（Estrémadure）地区的萨拉卡迎战穆拉比特军，但大败而归。塔霍河沿岸成了卡斯蒂利亚骑士与穆拉比特人交锋的舞台，一段时期内双方军队都没能更进一步。已经拥有卡斯蒂利亚、莱昂、加利西亚等地区的阿方索六世国王开始计划向瓜地亚纳河（Guadiana）一带挺进。

[7] 中世纪穆斯林对伊比利亚半岛的称呼。——译者注

[8] 中世纪（主要是11世纪早期）出现于伊比利亚半岛上的一些穆斯林小王国的称呼。——译者注

历史上的托莱多

这座建造在塔霍河边山丘上的城市，其历史可以追溯到青铜时代。公元前193年，罗马人占领了这座城市。在711年被柏柏尔将军塔里克·伊本·齐亚德（Tariq Ibn Ziyadla）攻占之前，这里一直是西哥特王国的首都。在穆斯林统治期间，它脱离了科尔多瓦哈里发国并独立成为托莱多泰法[8]王国。1085年，托莱多被莱昂、卡斯蒂利亚和加利西亚国王阿方索六世攻陷，成为第一座被基督徒收回的都城。

乌尔班二世与第一次十字军东征

在攻占托莱多和萨拉卡战役之后，向穆斯林世界的宣战氛围开始弥漫在欧洲大陆，而来自拜占庭的坏消息也加剧了此时的紧张局势。当拜占庭皇帝罗曼努斯四世·戴奥真尼斯（Romain Ⅳ Diogène）在安纳托利亚（Anatolie）的曼齐刻尔特（Manzikert）平原惨败于土耳其塞尔柱人之际，教皇乌尔班二世（Urbain Ⅱ）决定借此机会展示自己在基督教世界的领导力，而这也是践行格列高利七世教会改革精神导致的必然结果。

1095年入秋后，豪华的克吕尼修道院内充斥着躁动不安的情绪，大家在等待一位贵宾的到来——他就是出身修士，原名沙蒂永的厄德（Eudes de Châtillon）的教皇乌尔班二世。乌尔班二世在十五年前离开这里前往罗马，此后平步青云，只用了不到五年时间就当上了枢机主教，随后成为教皇格列高利七世的热门继任者。两年后，乌尔班二世接任短暂掌权的维克多三世被选为教皇，自称“乌尔班二世”。上位之后，乌尔班二世承诺完成教皇格列高利七世未竟的事业，但首先要终结对立教皇克雷芒三世的一切活动。

同年11月，教皇乌尔班二世前往位于奥弗涅（Auvergne）地区的克莱蒙（Clermont），此行的目的似乎是保证整个区域的和平，避免战争。能言善辩的教皇乌尔班二世在激动的人群面前慷慨陈词，成功劝说贵族们放下武器，避免了手足相残的悲剧。乌尔班二世还向这些贵族保证，如果能拿回圣墓教堂的十字架，日后便能升入天堂。教皇乌尔班二世宣布，从穆斯林手中解放耶路撒冷天主堂可以替代告解圣事[9]。克莱蒙群众以震耳欲聋的“以神之名”（Deus lo vult）的喊声作为反应，大大出乎了教皇的预料；许多贵族、农民和群众对这项事业展现出高涨的热情。

克莱蒙主教会议（concile）后的几个月，乌尔班二世在法国各地宣扬和组织这场运动，他的能言善辩和激情澎湃顺利推动着事情的发展；社会名流和教士们也按照自己的节奏引导运动的走向。一位名叫隐士彼得（Pierre l'Ermite）的狂热布道者甚至集结了数万穷苦的农民和手工业者，在没有经过任何训练和准备的情况下向

[9] 七圣事之一，即信徒怀着悔改之心，向合法的司祭（司铎）告解自己的罪过，后者代表天主赦免其罪，使之与天主及教会重修旧好。——译者注

圣地进发了。这支“穷人十字军”的结局可想而知：他们或病死在路上，或被土耳其人击杀，幸存者大多被卖到了当地的奴隶市场。

贵族远征军则截然不同，他们没有军事统帅，领队是勒皮（Le Puy）主教阿德马尔（Adémar de Monteil）；队伍的成员来自不同的地区，说着各地的方言。很快，布永的戈弗雷（Godefroi de Bouillon，戈弗雷四世）和他的兄弟布洛涅的鲍德温（Baudouin de Boulogne，鲍德温一世）分别成为弗兰德和布洛涅骑士们的首领；法兰西国王的兄弟韦尔芒杜瓦伯爵于格（Hugo de Vermandois）以及英格兰国王布卢瓦的埃蒂安（Étienne de Blois）也参加了十字军。有很多南方的骑士也响应号召，为首的图卢兹伯爵雷蒙德（Raymond de Toulouse）将自己多年在伊比利亚边境战斗积累的经验以及与穆斯林相关的知识带到军中。行军途中不断有士兵加入，如军事才能与其父“狡诈者”罗贝尔（罗贝尔·吉斯卡尔）相差无几的塔兰托亲王博希蒙德（Bohémond de Tarente，博希蒙德一世）率领的普利亚、卡拉布里亚和西西里的军队。

被后人称为“十字军”的武装朝圣者的集结地，在当时阿历克塞一世（Alexis Ier）统治下的拜占庭首都君士坦丁堡。东征路线有三条路：第一条沿多瑙河经过匈牙利和塞尔维亚；第二条穿过意大利和达尔马提亚；第三条从普利亚横渡亚得里亚海到达都拉斯（Durrës）。1096 年年底，十字军主力终于看到了黄金新月[10]（le Croissant d'or）。面对已深入国家腹地的大批宗教狂热者，原本只想招募一些雇佣兵的阿历克塞一世有些措手不及。

十字军和拜占庭皇帝并非齐心协力。前者一心想征服巴勒斯坦并占领耶路撒冷，而阿历克塞一世则试图收回被土耳其人夺走的原拜占庭省份。在长达几个月的时间里，各种阴谋在拜占庭宫廷内传播。1097 年 5 月，十字军穿越博斯普鲁斯（Bosphore）海峡前往圣地，阿历克塞一世这才松了一口气。

十字军的第一次军事行动是攻陷尼西亚城（Nicée），基督徒们将这座城市交还给了拜占庭皇帝，双方的关系得到缓和。第二次著名的军事胜利是 1097 年 7 月 1 日解放多里莱乌姆（Dorylée），十字军在多里莱乌姆战役中击败了罗姆苏丹国

[10] 黄金新月，位于阿富汗、巴基斯坦和伊朗三国的交界地带，因形似新月，故名。——译者注

君主、骑士、士兵和强盗：参与第一次十字军

1095年，教皇乌尔班二世在克莱蒙主教会议上呼吁十字军东征。乌尔班二世对基督教世界的这次动员很成功，四支军队响应号召并采用基督十字架为旗号。教皇许诺为包括罪犯和强盗在内的所有参与东征耶路撒冷的人“赦免罪孽”，因为这项事业是“最神圣的忏悔”。

所有参与主教会议的人都进行了忏悔并得到了赦罪，教廷鼓励十字军邀请自己的同胞和朋友也加入前往圣地的征途。十字军出发的日期定在了1096年8月15日的圣母升天节（Assomption），四支军队的成员来自四片不同地区。洛林（Lorrains）军由下洛林公爵布永的戈弗雷领导，来自法兰西南部和卡斯蒂利亚边境地区的军队由图卢兹伯爵雷蒙德率领，布列塔尼和诺曼底的军队听令于诺曼底公爵“短袜”罗贝尔（Robert Courteheuse，罗贝尔·柯索斯，即罗贝尔二世），而西西里的诺曼人则由塔兰托的博希蒙德统御。四支队伍相约会师君士坦丁堡，由于选择的路线各不相同，到达的时间也相隔数月。雷蒙德的部队规模最大，而由于叙任权斗争与教皇乌尔班二世交恶的德意志人也因为缺席如此重大的事件而备受关注。

插图　名为《十字军归途》（*Le retour du croisé*）的12世纪雕像，现藏于法国南锡（Nancy）科德利埃（Cordeliers）教堂。

乌尔班二世（第57页）

在这幅中世纪末期的细密画上，教皇乌尔班二世在克莱蒙主教会议上授权十字军出征。现藏于巴黎法国国家图书馆。

（le sultanat de Roum）苏丹基利杰·阿尔斯兰（Kiliç Arslan，基利杰·阿尔斯兰一世）率领的轻装弓兵。这几场胜利让基督徒们士气大振，使他们能够继续面对艰苦的安条克（Antioche）围城和随后的战役，塔兰托亲王博希蒙德也在整个过程中展现了自己的英勇无畏。1099年6月7日，十字军终于到达耶路撒冷城下并开始围城。数周之后，7月15日上午，耶路撒冷城门被攻破，城市陷入一片火光和杀戮中。

朝圣之路：八次十字军东征

1096—1270 年发生了被称为“八次十字军东征”的军事行动，但并不是每次东征都是以攻占圣城（耶路撒冷）为目的。其中，四次是为了军事占领巴勒斯坦，两次是为了征服埃及，一次是为了夺取北非，而第四次是为了从希腊基督徒手中夺回君士坦丁堡。

第一次十字军东征，攻陷了耶路撒冷并在叙利亚和巴勒斯坦建立了一些基督教王国。突厥人1144年攻占埃德萨（Édesse）促成了第二次十字军东征，但最后以基督教国家的惨败而告终。第三次十字军东征，虽然英格兰、法兰西和神圣罗马帝国皇帝都率军参与，誓要夺回1187年被萨拉丁（Saladin）占领的耶路撒冷，但还是功败垂成。第四次十字军东征，可视为威尼斯的一场政治冒险：威尼斯舰队和十字军在1204年洗劫了君士坦丁堡，并建立了拉丁帝国。第五次十字军东征是为了征服阿尤布王朝（Ayyubides）统治下的埃及，又是一场彻头彻尾的失败。第六次十字军东征，霍亨斯陶芬王朝（Hohenstaufen）的皇帝腓特烈二世（Frédéric Ⅱ）在与突厥人协商之后重夺耶路撒冷。第七次十字军东征远征埃及也是一败涂地，发起人法兰西国王路易九世（Louis Ⅸ）被擒，后支付重金赎回。最后一次（第八次）十字军东征，法兰西国王不知出于何种动机下令攻打突尼斯，但他在围攻突尼斯城时感染斑疹伤寒而死。

插图 11世纪十字军东征带回欧洲的圣骨盒，现藏于荷兰马斯特里赫特（Maastricht）圣母教堂。

耶路撒冷与圣地

传统文化中的“九勇士”之一的布永的戈弗雷虽然负责管理耶路撒冷的事务，但他出于谦卑拒绝接受国王的头衔。翌年布永的戈弗雷去世，其兄布洛涅的鲍德温继任。虽然出身比萨大主教的耶路撒冷拉丁礼[11]宗主教（牧首）达戈贝尔特（Dagobert）心存犹豫，但在耐心劝说后，布洛涅的鲍德

[11] 拉丁礼，罗马基督教中的西方教会沿用的礼节和仪式。——译者注

❶ **最初的胜利**　第一次十字军东征的成功和十字军国家（埃德萨、安条克和的黎波里）的建立并没有让耶路撒冷王国摆脱政治和军事上孤立的局面。除了耶路撒冷和亚实基伦（Ascalon），王国的领土内只有伯利恒（Bethléem）、拉姆安拉（Ramallah，又译拉马拉）两座城市和一些没有战略价值的堡垒。

❷ **初尝败绩**　第二次十字军东征是一场针对阿拔斯王朝塞尔柱人的反击行动。法兰西国王路易七世（Louis Ⅶ）和德意志国王康拉德三世（Conrad Ⅲ）于1147年从耶路撒冷出兵，试图夺回1144年被突厥人占领的埃德萨，但围城没多久军队就撤走了。

❸ **海上连线**　海路是十字军唯一稳妥的补给路线。占领耶路撒冷后，法兰西、英格兰和威尼斯的船主们也加入意大利人的行列协助运输。海上航行不仅耗资巨大，而且地中海的海盗随时可能将十字军和朝圣者杀害或贩卖为奴。

❹ **最后的尝试**　法兰西国王路易九世希望远征埃及消灭马穆鲁克苏丹国（le sultanat Mamelouk）；在占领了杜姆亚特后，法兰西军向开罗唯一的屏障曼苏拉（Mansourah）前进。但由于先遣部队将领的失误，拜伯尔斯（Baybars，拜伯尔斯一世）苏丹击溃了十字军并擒获了路易九世，而法兰西支付了一笔不菲的赎金之后才迎回了自己的国王。

温还是在 1100 年 12 月 25 日被加冕国王并得到教会的致敬，称鲍德温一世（Baudoin Ier）。鲍德温一世的主要任务是整合十字军，包括参与第一次东征并攻入圣城的十字军和随后陆续前来的人们。在工作中，鲍德温一世得到了意大利海上共和国（热那亚、比萨、威尼斯）的大力支持，这些国家将运送十字军及其辎重视为发展海上贸易的良机。

1099年十字军攻占耶路撒冷

自1099年6月起，十字军就开始在耶路撒冷城下组建工兵和生产攻城、围城器械的小队。围城队伍在西边的大卫塔和东边的修道院广场或圣殿山（Haram al-Charif，谢里夫圣地）这两座堡垒之间均匀排列开，而修道院广场是一座围绕圆顶清真寺（Qubbat As-Sakhrah，阿拉伯语）和阿克萨清真寺（la mosquée al-Aqsa）修建的类似瓮城的建筑。诺曼底公爵罗贝尔（Robert de Normandie，罗贝尔·柯索斯，即诺曼底的罗贝尔二世）和法兰德斯伯爵罗贝尔（Robert de Flandre，法兰德斯伯爵鲍德温五世次子，即法兰德斯的罗贝尔一世）的军队集结在圣斯德望（Saint-Étienne）门前，下洛林公爵布永的戈弗雷和加利利亲王坦克雷德则静候在雅法（Jaffa）门外，而图卢兹伯爵雷蒙德选择了大卫（David）门。攻城塔部署外墙的三个区域：南面、圣拉扎尔（Saint-Lazare）门旁和希律（Hérode）门附近。7月15日，布永的戈弗雷的军队夺取了城墙，到达了围城队伍所在的修道院广场，而南方军则占领了城堡。

为夺取耶路撒冷而感恩祈祷 14世纪医院骑士团（Hospitalier）的印章，现藏于巴黎法国国家档案馆。医院骑士团于11世纪在巴勒斯坦成立，最初的工作是接待朝圣者，后来服务于十字军。

描绘十字军在布永的戈弗雷率领下攻占耶路撒冷的细密画，出自15世纪编撰的《法兰西编年史》（*Chroniques de France*，又名《圣但尼编年史》[*Chroniques de Saint-Denis*]）。现藏于巴黎法国国家图书馆。

十字军在6月13日发起了第一次进攻，但收效甚微。随后的几次进攻，战果稍好但仍有限。直到7月15日，布永的戈弗雷终于在攻城战中击败了守军。

1077年，突厥人包围并最终占领耶路撒冷后，将城中的防御工事尽数摧毁。随后，这些设施虽然得以重建，但十字军却能够利用部分较低的城墙架设攻城塔。

耶路撒冷王国和十字军国家

耶路撒冷这个基督教国家中也有两股势力——教会和领主。教会想设立拉丁礼宗主教区，并指派一名大主教作为当地军事领袖的助手。由于缺乏合适的候选人，主教的选拔工作被推迟。在世俗层面上，布永的戈弗雷得到了比图卢兹伯爵雷蒙德更多的支持。实际上，图卢兹伯爵雷蒙德的失败归咎于他自己手下的背叛，这些人认为如果雷蒙德当选为国王，自己就不得不长期远离故乡留在耶路撒冷。就这样，下洛林公爵布永的戈弗雷被选为四个十字军建立的拉丁国家中的最强国——耶路撒冷王国的统治者。

在攻占了耶路撒冷后，十字军建立了四个拉丁王国——耶路撒冷、埃德萨、安条克和的黎波里。耶路撒冷王国一直处于基督教的统治之下，直到1187年被萨拉丁率领的土耳其军队攻占，这也是第三次十字军东征的导火索。不过，此后耶路撒冷再也没有沦陷过。四个拉丁国家中最早建立的是埃德萨，这座1098年建立的伯国内生活的主要是亚美尼亚的基督徒，但巴格达（Bagdad）的哈里发帝国统帅阿塔贝格[12]（atabeg）赞古（Zengi）于1144年包围并攻占了这里。位于奥龙特斯河谷地的安条克公国于1098年被塔兰托亲王博希蒙德攻占，直到1268年马穆鲁克骑兵才夺回此地。的黎波里伯国坐落在叙利亚沿岸，由图卢兹伯爵雷蒙德（雷蒙德四世）于1102年建立；该国于1258年臣服于蒙古帝国，到1289年时最终被马穆鲁克苏丹国吞并。

[12] 阿塔贝格，哈里发国家世袭贵族的头衔。——译者注

鲍德温一世决定在通往红海的道路上修建蒙特利尔堡（Montréal），这样的选址不仅可以控制来自阿拉伯地区的商队，还能够实施战略封锁抵御来自南方的外敌。在鲍德温一世短暂的执政时期，与突厥人的战争并未间断：加利利亲王坦克雷德（Tancrède de Galilée）摄政的安条克和图卢兹军队占领的的黎波里等十字军公国是突厥人攻击的主要对象，图卢兹伯爵雷蒙德和其子贝特朗（Bertrand）也因战功卓著而声名大噪。在东北方，埃德萨也发生了暴乱，鲍德温国王立马派遣自己的表兄布尔格的鲍德温（Baudouin du Bourg）前往镇压，因为这座靠近幼发拉底河和土耳其边境的城市战略意义重大。

耶路撒冷王国和圣地的其他十字军建立的拉丁国家面临一种非常不平衡的境况。由于意大利船只控制了海域，十字军牢牢掌控住了叙利亚沿岸地区，但内陆腹地的主要城市则被穆斯林牢牢把持，他们对大马士革（Damas）或阿勒颇（Alep）这样的大城市毫无办法。于是，这些拉丁国家决定用城堡和要塞组建一个防御网。由于此前曾向拜占庭工匠学者取经了建筑防御工事的先进技术，有一些十字军建造的城堡确实坚不可摧。与欧洲城堡相比，多层城墙和圆柱形塔楼代表了建筑设计的重大进步。

十字军国家都采用封建制度管理，少数的贵族和骑士统治着大量的穆斯林、犹太人和非天主教基督徒，但从未真正理解自己的臣民。朝圣者带着满腔的宗教热情来到这里，十字军为了给法兰克国家提供军事支持也来到这里，有一些梦想靠抢劫发家致富然后返回故乡的投机者也来到了这里，后者更是一路造成了不少混乱。

1118 年鲍德温一世去世后，其表兄布尔格的鲍德温继承王位，史称鲍德温二世（Baudouin Ⅱ）。正是在鲍德温二世的统治时期，圣殿骑士团（Templiers）和医院骑士团这两个军事组织得到建立并强化，并在长达两个世纪的时间里保护着圣地的十字军国家。不过，这些骑士团虽然拥有坚不可摧的堡垒，但仍然因为内斗而土崩瓦解。鲍德温二世也为安条克、的黎波里和埃德萨这三个北方拉丁王国提供支持。因此，鲍德温二世构建了一个真正的家庭网络来稳固这片土地，尤其是自己统治的耶路撒冷王国。这位国王（鲍德温二世）没有子嗣，只有四个女儿，于是他在统治期间一直为王位继承人——长女梅利桑德（Mélisende de Jérusalem）物色一位好丈夫。

诺曼王朝统治下的英格兰

1066 年圣诞节之日，“征服者”威廉（威廉一世）在威斯敏斯特的加冕标志着英格兰迈入一个新时代。威廉一世向参与黑斯廷斯之战的将士们赐予了丰厚的土地奖赏，并命人在战略要地修建了一些诺曼风格的城堡。当地贵族虽然不愿意被诺曼底公爵统治，但他们中的大多数最后还是臣服了。威廉一世对英格兰的稳定抱有足够信心，随后他便回到了欧洲大陆。宫廷总管大臣威廉・菲茨・奥斯本（William Fitz Osbern）受命在国王不在时管理英格兰王国，如此威廉一世的政治措施也得以延续。不过，威廉・菲茨・奥斯本并没有采用诺曼底公国的统治方法，而是在英格兰各地建造城堡，方便对当地农民实施强硬的统治。

1069 年冬，诺森布里亚（Northumbrie）居民揭竿而起反抗威廉・菲茨・奥斯本。国王威廉一世闻讯马上返回英格兰，率军横扫了整个郡并镇压了起义。军队奔走在东西海岸之间，将约克（York）主教区的一切尽数摧毁，原本富饶的耕地变得贫瘠。这次军事行动的目的就是要告诉民众，反抗诺曼人统治的尝试是徒劳的。很快，当地贵族全部被来自诺曼底或法兰西的人取代，而大家也接受了这样的事实：“征服者”威廉就是“忏悔者”爱德华的继任者。

但是，这些改变影响了各个方面的秩序。在诺曼式封建制度的统治下，盎格鲁-撒克逊人的土地和权利被迫移交给诺曼人，这是局势动荡的最主要原因。国王威廉一世真正掌握着英格兰所有的土地，连教会的土地也不例外。为了行使一些常规的权利并要求履行合理的义务，威廉一世分封了大量的土地，其中战时带马服兵役的义务让国王能够组建一支装备锁子甲的骑兵部队，而这支部队不仅能够守卫新攻占的土地，还能进攻邻邦敌人。诺曼骑士直接听令于国王的封臣，且有参军的义务。相比之下，盎格鲁-撒克逊人只能在这个封建等级制度的底层谋求一席之地，上层的大多数位置都被来自欧洲大陆的“殖民者”牢牢把持。为了稳固统治和增加税收，威廉一世在 1086 年下令对全国的财产进行清查，于是诞生了著名的《末日审判书》（*Domesday Book*）。

各个地区的专员以清单的形式收集所需的资料并汇编成清册，而封臣的资产也纳入了统计范围。1086 年 8 月，所有贵族都被召集到索尔兹伯里（Salisbury）宣

《末日审判书》和财产税

“征服者”威廉（威廉一世）在英格兰完成大清查的目的在于将王国的财产登记入册。这项巨大的工程始于1086年，官员被派往全国各地记录人口信息、个人拥有的土地、不动产和牲畜等情况。

被派往各地调查登记的官员实际上是在完成查税的工作。事实上，税收征缴的依据正是财产记录评估。清查人员做出的决定不接受反驳，这也是为什么该文档被冠以“末日审判（Domesday，即神在世界末日时对人类的最后裁决）”的名称。《末日审判书》分为两本独立的册子：《小清册》记录诺福克郡（Norfolk）、萨福克郡（Suffolk）和埃塞克斯郡（Essex）的情况；《大清册》记录英格兰其他地区的情况，但不包括威廉一世还未完全掌控的达勒姆（Durham）、坎伯兰（Cumberland）、威斯特摩兰（Westmorland）和诺森伯兰（Northumberland）的北方领土。两本清册的内容都按照地理顺序，也就是封地名称顺序编撰。册子中土地的命名不再采用百人团（centurie）、市（municipis）、区这样的罗马行政单位，取而代之的是直接使用男爵（baron）或接受皇家封地的领主名字。除了占清册大部分内容的农村财产外，《末日审判书》还包含许多城镇的重要信息，这些城镇向王室贡献了大笔税金。由于绝大部分的税都采用现金支付，大量关于收纳税工作的资料都被记录下来。

插图 威尔士（pays de Galles）的切普斯托（Chepstow）城堡，11世纪时由英格兰诺曼王朝时期最大的地主之一威廉·菲茨·奥斯本下令建造。

誓，承诺在战时效忠国王。这也是威廉一世在英格兰举行的最后一次公共活动，因为几个月后的1087年9月7日他在与法兰西国王的战斗中受伤并不治身亡。

继位的是威廉一世的次子“红脸”威廉（Guillaume Roux，威廉二世［Guillaume Ⅱ］)。相比长子——英勇的“短袜”罗贝尔（Robert Courteheuse），威廉一世更器重这个二儿子，到任何地方都把他带在身边。在威廉二世执政期间（1087—1100年），几乎所有人都站在他的对立面。1100年8月2日，威廉二世在外出时被弓箭射杀，凶手可能是一位名叫沃尔特·提尔（Walter Tirel）的人，但没有人愿意展开调查。威廉二世的弟弟、威廉一世的小儿子“儒雅者”亨利（Henri

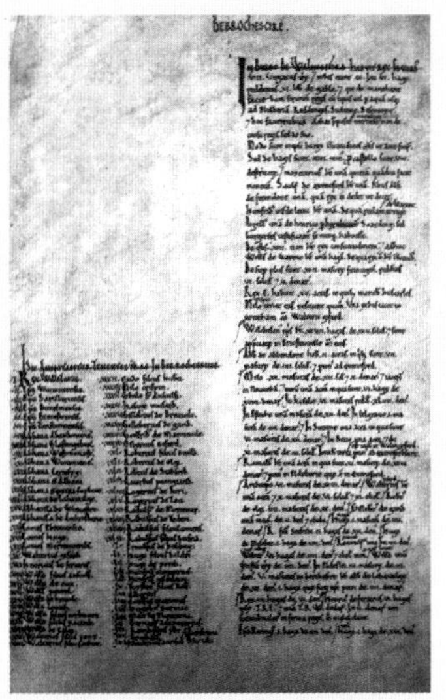

《末日审判书》复制品 每个郡县的清算都从国王的财产开始，然后是不动产以及教士和修士们的财产，第三部分涉及分封领地的管理者——男爵，第四部分是关于女人、王室的奴仆和供货商。清册的内容包含政治、社会、文化和宗教生活，但目前仍有一些条目的意义不详。

Beauclerc）利用长兄“短袜”罗贝尔参加十字军东征留下的真空，骑马前往威斯敏斯特夺取了皇家财宝，并与当地部分有权势的男爵结成了联盟。两天后，亨利一世在威斯敏斯特加冕登基，一直执政到1135年。亨利一世采取了更精明的政治手段，主张限制王室的权力，并与其父威廉一世的专制主义划清界限。

亨利一世致力于减少诺曼王室与英格兰民众之间的隔阂，但他仍将诺曼底法语和拉丁语分别作为贵族之间的交流语言和起草行政文件的语言保留了下来。同时，亨利一世对礼仪的兴趣和高超的文学、艺术素养为其赢得了“儒雅者”（Beauclerc，“clergie”在古语中的意思是“知识”）的称号，但这并不妨碍他施展政治手腕。

英格兰的王朝争斗和王位继承问题

亨利一世（Henri I er,“儒雅者”亨利）通过改革王国的司法和行政，成功实现了对诺曼贵族的掌控。长子威廉·艾德林（Édith d’Écosse，或者 Guillaume Ætheling）死后，亨利一世指定女儿玛蒂尔达（Mathilde）为继承人并让贵族们宣誓效忠于她。但1135年亨利一世驾崩后，英格兰还是陷入了一片混乱。

贵族们完全不愿意接受玛蒂尔达继承王位，而此前英格兰从未有过女性作为最高统治者的先例。玛蒂尔达在第一任丈夫神圣罗马帝国皇帝亨利五世死后嫁给了安茹伯爵若弗鲁瓦（Geoffroi d’Anjou）。然而，出身诺曼底的英格兰贵族非常讨厌邻国安茹伯国，这也解释了为什么在亨利一世死后他们拥立的是其外甥布卢瓦的埃蒂安，即布卢瓦的斯蒂芬。1139年，玛蒂尔达率军从萨塞克斯（Sussex）登陆，开启了漫长的内战。结果，布卢瓦的斯蒂芬艰难保住了王位，玛蒂尔达返回诺曼底。1151年，若弗鲁瓦和玛蒂尔达的儿子“短斗篷”亨利（Henri Court-manteau，亨利·柯特曼特尔，或亨利·金雀花［Henri Plantagenêt］）成为诺曼底公爵，随后在1154年布卢瓦的斯蒂芬去世后当上英格兰国王，称为亨利二世（Henri II）。

插图 14世纪《英格兰编年史》（*Chronique d’Angleterre*）中的插画，描写了1120年发生的“白船事故”（Blanche-Nefen），亨利一世和苏格兰的玛蒂尔达之子威廉·艾德林在事故中遇难。

当时，统治者主要的收入来源于遍布在英格兰的一百多座城市。总体来看，这些城市每年向王室缴纳高达 2400 英镑的税金。亨利一世允许这些城镇居民组建商人行会或协会，以规范贸易市场。针对王国最大的城市伦敦，亨利一世下令这里的居民直接向王室上缴税金。

亨利一世统治时期受到的最大打击是其长子的死亡，他也是安茹伯爵富尔克五世（Foulques Ⅴ d'Anjou）的女婿威廉·艾德林（Guillaume Ætheling，高贵的威廉）。亨利一世曾想通过这场联姻得到曼恩（Maine）地区，甚至最终吞并安茹伯国。"白船事故"中长子威廉·艾德林的遇难让亨利一世不得不改变计划，决定将王位传给女儿，即神圣罗马帝国皇帝亨利五世（Henri Ⅴ）的遗孀玛蒂尔达。随后，亨利一世撮合了玛蒂尔达嫁给了富尔克五世的继承人若弗鲁瓦（Geoffroi d'Anjou），而若弗鲁瓦的绰号"美男子"（Bel）或"金雀花"（Plantagenêt）可能是来自他喜欢的狩猎活动和金雀花田。

法兰西国王腓力一世

在腓力一世（Philippe Ier de France）统治时期（1060—1108 年），卡佩王朝不得不对领土内各公国采取强硬态度。面对这样的境况，国王腓力一世采取了不同的策略，如支持圣职买卖，这使他与教皇格列高利七世经常发生冲突。1092 年，腓力一世夺走了安茹伯爵"爱争吵的"富尔克四世（Foulques Ⅳ le Réchin）的妻子蒙福尔的伯特蕾德（Bertrade de Montfort），令他与封臣的关系空前紧张。在迎娶新妻子时，腓力一世甚至没有和原配荷兰的伯莎（Berthe de Hollande）离婚，这就构成了通奸和重婚的双重罪。教皇格列高利七世立即将腓力一世除籍，但国王和他的支持者并没有因此而被吓倒，而是尝试阻止在法兰西王国实施教会改革。

腓力一世犹豫是否有必要采取新的婚姻模式，如知名主教沙特尔的伊沃（Yves de Chartres）在其教牧书信中提出的模式。腓力一世以采取诱拐安茹伯爵妻子这样的卑劣手段逃避教皇格列高利七世的干涉，而此时教皇的头等要务是号召贵族们搁置彼此之间的矛盾，拿起十字架去参加东征。被开除教籍的腓力一世自然无法成为十字军的一员，或许他本来就对此毫无兴趣。在这种情况下，领土内的大贵族们纷纷踏上前往巴勒斯坦的路，而腓力一世则继续稳坐国王之位。腓力一世的兄弟韦尔芒杜瓦伯爵于格也参加了十字军，但他在腓力一世的执政计划中只是一个微不足道的角色。

1104 年，腓力一世得以恢复教籍，条件是完成“忏悔圣事”并与第二任妻子蒙福尔的伯特蕾德分开。在位的最后几年，腓力一世一直尝试传位给儿子“胖子”路易六世（Louis Ⅵ le Gros，1108—1137 年在位），而后者即将成为一位与其父截然不同的统治者。路易六世年复一年地与反叛王权的领主们作战，其中包括库西（Coucy）和拉费尔（La Fère）的强大领主——马尔勒的托马斯（Thomas de Marle）。路易六世花了不少精力将所有不法之徒都送上了审判席，而农民、手工业者和商人在他的保护政策下过上了非常富裕的生活。路易六世的集权意愿并没有妨碍王权加强对其主要臣属国进行控制和行使权力，这种类似王朝的凝聚力很快就增强了国家的实力。

阿拉贡王国

阿拉贡王国（Aragon）建立于纳瓦拉（Navarre）的桑乔三世·加尔塞斯（San-che Ⅲ García，桑乔大帝）死后的 1035 年。当然，这得益于两位开国君主拉米罗一世（Ramire Ⅰ^er^）和桑乔一世（Sanche Ⅰ^er^ Ramírez）一直奉行的韬光养晦和不卑不亢政策，最终阿拉贡得以成为独立王国。在法兰西南部贵族们的支持下，拉米罗一世和桑乔一世这两位君主决定开疆扩土——“翻越比利牛斯山（Pyrénées）”，向南部那些当时还在穆斯林统治下的富庶城市进军。如果 1089 年没有宣誓效忠教廷并缴纳年贡，阿拉贡王国不可能实现最初制定的目标；教皇乌尔班二世为国王、王子及王国的安全提供保护，并宣布以后阿拉贡王位的继任必须经过教廷首肯。

当阿拉贡国王佩德罗一世（Pierre Ⅰ^er^）于 1094 年再次向教廷表忠之后，他攻打韦斯卡的意愿也得到了教皇乌尔班二世的鼓励，最终在 1096 年 11 月 27 日的阿尔科拉斯战役中成功夺城。这场军事胜利让阿拉贡王国成为比利牛斯山地区和南部穆斯林世界间通商贸易的必经之路。根据当时记录收缴关税的文件记载，香料、染料、皮革、武器都通过哈卡城（Jaca）过境。阿拉贡的国王们通过哈卡和坎弗兰

克（Canfranc）两地海关收取的关税充盈财政，他们的主要关切就是如何从萨拉戈萨这个安达卢斯最富有的泰法王国那里获取利益。与阿尔哈费里亚宫（Aljaferia）的建造者穆克塔迪尔（Ahmad al-Muqtadir，1046—1081 年在位）的关系也主要依靠纳贡[13]（parias）来维持。史料记载，桑乔·拉米雷斯（Sanche Ramírez）每年向教皇乌尔班二世缴纳 500 曼库斯（mancus，一种金币），作为交换阿拉贡被允许在哈卡打造自己的金币。

在此背景下，阿拉贡的经济实力不断增强，只用了不到二十五年的时间就在埃布罗河谷（Èbre）平

[13] 泰法诸国向基督教国王上贡以换取自身安全，贡金被称作 parias。——译者注

弗勒里修道院

这座 12 世纪建造的修道院位于卢瓦河（Loire）畔的弗勒里（Fleury）附近。在努西亚的圣本笃（Benoît）的圣髑（头骨）从卡西诺山（Cassin）转移到此后，人们为其修建了祭坛。10 世纪上半叶，修道院在克吕尼的奥顿（Odon de Cluny）的管理下顺利完成了深度改革。腓力一世（1060—1108 年在位）的陵墓就在这座修道院内。

插图 弗勒里修道院北门门楣上的浮雕，描绘了 11 世纪时移交圣本笃的圣髑的场景。

原一带大幅扩张领土。与此同时，当地的地缘结构和君民之间的关系也经历了根本性的改变。例如，在像辛科·比拉斯[14]（Cinco Villas，西班牙语）这样的平原地区行动，组织平民建立轻骑兵队伍就势在必行；对于那些加入骑兵队并携带马匹的民众，国王会给予一些税赋上的减免。

在这样的条件下，成功上位的阿方索一世（1104—1134年在位），即国王佩德罗一世同父异母的弟弟，加强了阿拉贡王国对辛科·比拉斯和拉利特拉（La Litera）平原的控制，下一个目标就是萨拉戈萨（萨拉古斯塔）泰法王国。由于阿方索一世与妻子莱昂和卡斯蒂利亚女王乌拉卡（Urraque de León et de Castille）的武装争斗，王国的扩张停滞了几年。随后，重回正轨的国王阿方索一世纵横驰骋，为自己赢得了“威武者”（Batailleur）的称号。

为了能够顺利征服萨拉戈萨，阿方索一世向自己的亲属和比利牛斯山以北的臣属国请求援助并无一例外地获得了肯定答复，因为响应这次号召与加入十字军的性质是一样的。援军中首当其冲的是“威武者”阿方索（阿方索一世）的表妹夫，参加过第一次十字军东征和耶路撒冷攻城战的著名骑士贝阿恩的加斯东（Gaston de Béarn）子爵（vicomte）。集结后的大军开始攻打萨拉古斯塔泰法王国和安达卢斯东北部首府萨拉戈萨，虽然攻城方配备了贝阿恩的加斯东子爵带来的攻城器械，但守军仍然在坚持了七个月后才因粮食短缺于1118年9月18日投降，随后图德拉（Tudela）、塔拉索纳（Tarazona）和蒙卡约（Moncayo）地区周边的堡垒很快沦陷。1120年，从索里亚（Soria）出逃的居民逐渐返回，卡拉泰乌德（Calatayud）围城战开始。随着战争进入白热化，穆拉比特王朝大军正在靠近的消息传来，他们誓要夺回萨拉戈萨。阿方索一世整军主动迎击，于1120年6月7日在距离卡拉莫查（Calamocha）12公里的库丹达（Cutanda）大败敌军。此役过后，阿基坦公爵威廉九世（Guillaume Ⅸ）率领600名精锐骑士前来助阵。库丹达战役胜利后，阿方索一世的军队以摧枯拉朽之势夺下了哈隆河（Jalón）和希洛卡河（Jiloca）上的两座堡垒——卡拉泰乌德和达罗卡（Daroca）。短短两年时间，强大的萨拉古斯塔泰法王国便完全臣服在阿拉贡国王脚下。

[14] 西班牙语 Cinco Villas，字面意思为“五座城市”。——译者注

海上共和国

1077—1122年，自治城邦的发展为欧洲建立普世秩序作出了贡献，同时海运贸易暴涨，手工业突飞猛进。当时，热那亚（Gênes）、比萨和威尼斯这三座重要的城邦共和国显得格外耀眼。它们为了控制地中海的贸易相互竞争，目的是从糖、盐、丝绸、棉花、染料、酒、小麦和黑海捕捞的鱼等商品的贸易中获得更多利益，并在东方市场换取来自西方的铁、木材、皮革、亚麻、帆布和奴隶。

热那亚由两位执政官共同管理，他们不仅分担各类公务，还负责控制通往东方的贸易路线。他们鼓励针对地中海沿岸穆斯林飞地的军事行动，并将本国的商人训练成真正的战士。这样的立场让热那亚人积极参与了第一次十字军东征，当地政治家、编年史家卡法罗（Caffaro）笔下立下汗马功劳的英雄古列尔莫·恩布里科（Guillaume Embriaco）就是其中一员。与此同时，热那亚人感兴趣的还有通往西方的商路。在与巴塞罗那的各位伯爵达成协议之后，他们尝试在阿尔梅里亚（Almería）、马拉加（Malaga）或休达（Ceuta）这些穆斯林据点站稳脚跟。

在伊比利亚半岛，热那亚人遇到了来自比萨人的竞争。比萨执政官曾为巴塞罗

西班牙收复失地运动

1000—1064年

初尝胜果　纳瓦拉国王桑乔三世（Sanche Ⅲ de Navarre）夺回了阿拉贡、索布拉贝（Sobrarbe）和里瓦哥萨（Ribagorce），并与莱昂国王结盟。1064年，莱昂国王费尔南多一世（Fernand Ier de León）攻占了战略要地科英布拉（Coimbra）的堡垒，并从属了托莱多、塞维利亚（Séville）和巴达霍斯（Badajoz）。

1085—1102年

穆拉比特王朝的反击　卡斯蒂利亚和莱昂国王阿方索六世（Alphonse Ⅵ）攻占了托莱多，但穆拉比特王朝的苏丹优素福·伊本·塔什芬（Youssef Ibn Tachfin）在1086年的萨拉卡战役中大败基督教军队夺回了巴伦西亚（Valence），并于1102年将伊斯兰势力领土的边界扩展至萨拉戈萨一线。

1212—1230年

从拉斯纳瓦斯·德·托洛萨到埃斯特雷马杜拉（Estrémadure）　卡斯蒂利亚国王阿方索八世（Alphonse Ⅷ），纳瓦拉国王桑乔七世（Sanche Ⅶ de Navarre）和阿拉贡国王佩德罗二世（Pierre Ⅱ d'Aragon）在拉斯纳瓦斯·德·托洛萨（Navas de Tolosa）会战中击败了穆瓦希德王朝（Almohades，西班牙语）的军队。1230年，莱昂的阿方索九世（Alphonse Ⅸ）攻占梅里达（Mérida）和巴达霍斯。

1217—1252年

迈向伟大胜利　卡斯蒂利亚国王费尔南多三世（Fernand Ⅲ）攻占科尔多瓦、穆尔西亚（Murcie）、哈恩（Jaén）和萨维利亚，将泰法诸国摧毁并驱逐了穆斯林，只剩格拉纳达（Grenade）的奈斯尔（nasride）王国仍处于穆斯林统治之下。

阿拉贡与泰法诸国

由于哈里发国穆斯林之间内战（fitna，阿拉伯语，指伊斯兰大分裂），从科尔多瓦哈里发国脱离的埃布罗河河谷中段土地，也就是后来的阿拉贡王国领土，被萨拉古斯塔和萨赫拉（Sahla）两个泰法王国瓜分。

穆克塔迪尔（1046—1081年在位）成功占领了整个埃布罗河河谷，该地区的首府——拥有两万人口的萨拉古斯塔也逐渐形成了一个大规模的文化中心。阿拉贡的基督徒们陆续夺回了埃斯塔达（Estada）、蒙松（Monzón）、纳瓦尔（Naval）、韦斯卡（Huesca）、巴瓦斯特罗（Barbastre）、塔马里特（Tamarite）和埃赫阿（Ejea，1087—1106年）。萨拉古斯塔四周全是基督徒的城镇，但随着1110年穆拉比特王朝军队的入侵，独立的泰法王国不复存在。自1112年开始，巴伦西亚（Valence，又译瓦伦西亚）总督穆罕穆德·伊本·阿尔海伊（Mohamed Ibn al-Hayy）掌管萨拉古斯塔。在伊本·阿尔海伊的继任者伊本·图费勒（Ibn Tifiluit）上位后，穆拉比特王朝统治下的泰法王国经历了文化和艺术的短暂复兴。1118年，阿拉贡国王“威武者”阿方索一世（Alphonse Ier le Batailleur）占领了萨拉古斯塔这座城市，将其改名为萨拉戈萨（Saragosse）并定都于此。

插图 洛阿雷（Loarre）城堡是一座罗马式堡垒，由纳瓦拉国王桑乔三世于11世纪下令在距韦斯卡（Huesca）35公里的洛阿雷山上建造。

那伯爵拉蒙·贝伦格三世（Raymond Bérenger Ⅲ de Barcelone）提供支持，后者在1113—1114年占领了马略卡岛（Majorque），虽然岛屿的控制权没过多久就再次旁落。比萨人在伊比利亚半岛开展的海运和贸易活动触犯了热那亚人的利益，而两国在意大利领土上本就争长竞短，最后只能陷入长期的军事冲突。

唯一能逃脱热那亚在地中海霸权的国家，是位于亚得里亚海最北岸的威尼斯。威尼斯地理位置得天独厚，地处拜占庭首都拉文纳（Ravenne）和伊斯特拉半岛（Istrie）之间，也是中欧和多瑙河贸易路线的终点。城市贵族掌权的威尼斯，利用自身资源建造帆桨战船保护本国领土和海域，而这些战船有时会将满载东方货物的商船护送至爱奥尼亚海（la mer Ionienne）和爱琴海（la mer Égée）的主要穆斯林港口。就这样，威尼斯成了东方商品到欧洲的门户。参与十字军东征的行为，以及

拥有能够保障欧洲与耶路撒冷之间人员、武器运输的优秀水手的实力，对威尼斯的战略实施都是有利的。威尼斯以强大的君士坦丁堡为榜样，选择了一条与竞争对手热那亚相同的道路。不过，双方竞争的后果似乎不难预料，海战也似乎不可避免。

亨利五世：萨利安王朝的末代皇帝

德意志（神圣罗马帝国）皇帝亨利四世最后的日子非常艰难，他与早早加冕为国王并被指定为皇位继承人的儿子亨利（亨利五世）发生了重大冲突。1105 年，父子俩在战场上兵戎相见。最终，儿子亨利五世选择了撤离战场，并尝试让父亲与教皇帕斯加尔二世和解。亨利四世放弃自己坚守的事业和军队前往美因茨，然后去了科布伦茨（Coblence），并在那里与儿子亨利五世见了一面。亨利五世敦促（逼迫）父亲退位，

联姻

这幅细密画展示了皇帝亨利五世和英格兰的玛蒂尔达（Mathilde d'Angleterre，英格兰国王亨利一世之女）的婚礼。1114 年在美因茨举办的这场婚礼让神圣罗马帝国和英格兰王国结成同盟，不过玛蒂尔达没能当上女王，布卢瓦的斯蒂芬（布卢瓦的埃蒂安）夺走了王位。

因为只有这样才能派遣新任的教皇特使修复神圣罗马帝国与教廷的关系。

为摆脱儿子亨利五世和教皇帕斯加尔二世策划的阴谋，亨利四世做出了最后的努力：他给贵族们写信控诉教皇对帝国事务的干涉，但收效甚微。1106 年 8 月 7 日，众叛亲离的亨利四世病逝于列日（Liège）。弥留之际，亨利四世给儿子写了一封宽恕信，请求赦免那些在最后时刻还追随自己的亲信。亨利四世是一个颇具争议的人物，直到 1111 年他的遗体才按照基督教的礼法葬于施派尔（Spire）主教座堂。

初登皇位的亨利五世收敛锋芒，对教皇帕斯加尔二世（Pascal Ⅱ）唯命是从，但涉及棘手的叙任权问题时，他的政策却暗藏惊人之举。当亨利五世决定行使皇帝的传统权利为当选主教授予权戒和牧杖时，他终于开始含糊其词了。1107 年，教皇帕斯加尔二世在特鲁瓦（Troyes）召开主教会议抗议皇帝的这种行为。作为政治上的回应，亨利五世率领一支庞大的军队挺进意大利，即便如托斯卡纳女伯爵玛蒂尔达（又称卡诺莎的玛蒂尔达）这样的强人也不敢轻举妄动。由于组织混乱，意大利的诺曼王国纷纷臣服于日耳曼皇帝，没有进行任何抵抗。

教皇帕斯加尔二世提出了一个激进的解决方案，即教廷免除神圣罗马帝国的贡金，以作为交换世俗势力不得再插手宗教叙任权，而务实的亨利五世接受了这样的条件。1112 年 2 月 12 日，亨利五世进入罗马城并将协议内容公之于众。教皇帕斯加尔二世因为亨利五世完成了加冕仪式而保住了性命，但还是没逃过牢狱之灾。与此同时，一些德意志贵族，尤其是普遍对萨利安王朝政策不满的萨克森人起兵造反，避免了皇帝与教廷关系更加恶化的趋势。亨利五世借助城市中资产阶级的力量平息了叛乱，并将美因茨大主教罗萨德（Ruthard）这位幕后主使关押入狱。

亨利五世利用这段和平时期迎娶了英格兰国王“儒雅者”亨利一世之女玛蒂尔达（Mathilde d’Angleterre）公主，并强迫帝国所有的大贵族都来参加婚礼。于是，巴伐利亚、士瓦本、克恩顿（Carinthie）、波希米亚甚至萨克森公爵齐聚美因茨，并借此机会向皇帝请求宽恕。重新掌控了权门贵胄以后，亨利五世开始追求他父亲亨利四世的伟大抱负——统治意大利。托斯卡纳女伯爵玛蒂尔达死后，亨利五世借此机会宣称自己对已故伯爵的领土有继承权，顺利实施着自己的计划。在妻子的陪同下，未带一兵一卒前往意大利的亨利五世向托斯卡纳臣属国颁发自由宪章，向贵族们许以特赦，因此受到了广泛拥戴。与此同时，亨利五世甚至与新任改革派教皇加里斯都二世（Calixte Ⅱ）达成了和约意向。

德意志人与日耳曼民族神圣罗马帝国

日耳曼民族神圣罗马帝国（神圣罗马帝国的全称），也就是德意志人口中的第一帝国，一方面要求继承10世纪灭亡的加洛林王朝的遗产，另一方面又希望保留东罗马帝国的传统。事实上，神圣罗马帝国对东罗马帝国的衰落和灭亡负有很大责任。

962年，奥托大帝（Othon le Grand）加冕皇帝，而第一个使用“神圣罗马皇帝”（Imperator Romanorum）这个称号的是康拉德二世（1024—1039年在位）。康拉德二世的侄子亨利四世前往罗马与教皇格列高利七世讨论叙任权问题，甚至指定了一位对立教宗，率军四次攻打罗马并于1084年军事占领了这座城市，双方的斗争也到达顶峰。在加里斯都二世（Calixte Ⅱ）担任教皇期间，神圣罗马帝国放弃了对宗教人士的叙任权。实际上，神圣罗马帝国这个响亮的名字是在一个世纪后，即霍亨斯陶芬王朝的亨利六世（Henri Ⅵ de Hohenstaufen）在位时期（1191—1197年）出现的。亨利六世的儿子腓特烈二世（Frédéric Ⅱ），就是时常因奇怪的政治倡议让当世人目瞪口呆而被冠以“世间奇迹”（Stupor Mundi）称号的那位，也开始反对罗马教廷。在被教皇格列高利九世开除教籍之后，腓特烈二世一马当先开启了第六次十字军东征（1228—1229年），但他并没有与敌人在战场上交锋，而是与土耳其穆斯林展开谈判，并达成了为期十年的停战协议。

插图　10世纪镶嵌有144颗宝石的黄金皇冠。所有选帝侯的都城内都保留有一件复制品，而真品现藏于维也纳霍夫堡（Hofburg）皇宫的皇家珍宝馆（Schatzkammer）内。

亨利五世意识到这位新教皇加里斯都二世拥有与前几任截然不同的个性，他出身贵族，与不少西方贵族牵扯有亲戚关系。在这样的背景下，皇帝派和教皇派开始了漫长的交涉，最终达成了一项重要的宗教协定。

《沃尔姆斯宗教协定》

1122年9月23日，《沃尔姆斯宗教协定》（*Le concordat de Worms*）的签署在教皇和帝国之间建立了万众期待的和平。次年，在罗马拉特兰遗址召开的会议上，《沃尔姆斯宗教协定》得到了批准。

根据协定，皇帝将帝国宪章交予教皇，换取教宗训谕。亨利五世保障主教和修道院院长选举的顺利进行，同时放弃了为当选者授予象征神权的圣戒和牧杖的做法。加里斯都二世则授予皇帝出席教会选举的权利，并在选举势均力敌的情况下进行干预，以及一些关于帝国内宗教人士向皇帝致敬和表忠的特别条款。

《沃尔姆斯宗教协定》的签署，标志着世俗教士改革运动和始于卡诺莎的西方教会统治改革经历了一个转折点。这样的结果，不仅归功于教皇加里斯都二世的强烈意愿，也与亨利五世当时身处困境有很大关系。然而，双方并没有太多时间享受协议带来的快乐。加里斯都二世在极度忐忑不安中离世，因为罗马的教士们不断努力寻找一个与自己传统观念相符的新教皇。兰贝尔・斯坎纳贝基（Lambert Scannabecchi）在一片混乱中继位，史称洪诺留二世（Honorius Ⅱ）。不久之后，亨利五世于1125年在乌得勒支（Utrecht）离世，而此前他与萨克森公爵发生了激烈的争吵。亨利五世的死，标志着萨利安这个由康拉德二世缔造历经百余年的王朝的终结。

叙任权斗争结束了，维系了百年并深入参与斗争的萨利安王朝也落幕了，而德意志的政治社会即将迎来新生。在1120年后的二十年里，一个稳定的贵族社会正在形成，成员包括所有的高阶贵族——公爵、总督、有王室特权的伯爵和其他诸侯等，以及和他们有着千丝万缕联系的教会亲王——包括美因茨、科隆（Cologne）、特里尔（Trèves）、不来梅（Brême）和萨尔茨堡（Salzbourg）五座城市的大主教。这些人对领土和许多城市拥有巨大权力，他们中最强势者甚至有能力决定皇帝的人选。在萨利安王朝最后一位皇帝亨利五世被安葬在施派尔主教座堂后，大权在握的贵族们就开始行使这项特权，在美因茨召开会议并选举皇位继承人。

教皇加里斯都二世和第一次拉特兰会议

第161位坐在圣彼得王座上的教皇基拉西乌斯二世（Gélase Ⅱ），他在当选六天后就被亨利五世逮捕。勃艮第公爵之子维吉多继承了教皇之位，称加里斯都二世，而他结束了始于格列高利七世时期的纷争。

为响应教皇加里斯都二世的紧急召集令，1123年4月11日组织召开了拉特兰会议（Le concile du Latran），有300～500位主教和修士齐聚拉特朗圣若望大殿（Saint-Jean-de-Latran）。大会首先宣读了《沃尔姆斯宗教协定》，签署双方为加里斯都二世代表的教廷和皇帝亨利五世代表的神圣罗马帝国。《沃尔姆斯宗教协定》于1122年9月23日正式签署，标志着叙任权斗争的正式结束。在会上得到批准后，该协定便作为法律被记录和颁布。除了批准教皇在神职人员叙任方面的专属权利外，拉特兰会议还颁布了24条新教规，内容主要涉及圣职买卖、教会腐败以及对十字军及其家属的支持——1097年在第一次十字军东征时阵亡的勃艮第伯爵雷诺一世（Renaud Ier de Bourgogne）是教皇加里斯都二世的亲兄弟。

插图　12世纪《加里斯都抄本》（*Codex Calixtinus*）中的插画，现藏于圣地亚哥-德孔波斯特拉（Saint-Jacques de Compostelle，简称圣地亚哥）主教座堂。

这次会议上，贵族们很明确分成了势如水火的两派。一派被称为“吉伯林派”（gibelins，皇帝派），他们支持已故皇帝亨利五世年长的侄子士瓦本公爵腓特烈（Frédéric de Souabe，“独眼”腓特烈二世）。这位候选人腓特烈的妻子（巴伐利亚的朱迪丝，来自韦尔夫家族）出身显赫，其父是巴伐利亚公爵亨利（Henri de Bavière）。“独眼”腓特烈在选举中似乎占据了优势，但另一位候选人则受到“归尔甫派”（guelfes，教皇派）的支持，且由教皇亲自推举。很快，教皇派占了上风，萨克森公爵洛泰尔（Lothaire de Saxe）在亚琛（Aix-la-Chapelle）加冕为皇帝，并发誓效忠罗马教廷。但是，这两派长达数十年的斗争让帝国的政治环境变得非常混乱。

沃尔姆斯主教座堂

莱茵河（Rhin）畔的城市莱茵兰-普法尔茨（Rhénanie-Palatinat）是终结叙任权斗争的协议——《沃尔姆斯宗教协定》的签署地。“朕，亨利，托上帝洪福之皇帝，庄严的罗马人民的国王，出于对教皇加里斯都（加里斯都二世）的爱，今将叙任权通过圣戒和牧杖交给上帝及圣徒彼得和保罗（Paul），允许帝国内所有教会自由选举和任命主教。”

档案：中世纪的大学

城市经济的革命带动了教育界的改变。以商业和手工业为基础的城市中出现了许多教会学校，这些学校不久以后也开始接收世俗学生。

著名的大学

最早的大学有博洛尼亚大学（1088—1158年）、巴黎大学（1150年）、牛津大学（1167年）和萨拉曼卡大学（1218年）。

插图 13世纪巴黎大学印章，现藏于巴黎法国国家档案馆历史中心。

博洛尼亚的三所学校（博雅教育、医学、法学）的具体整合日期已不可考，但大约在13世纪初教师们就开始组建行会（collegium），上千名学生组建了“山南人社团”（universitas citramontanorum）与“山北人社团”（universitas

从学院到大学

博洛尼亚大学最初由法学院、医学院和博雅教育学院组建。成为大学以后，法学和神学教育令其声名远播。巴黎大学的前身，也是巴黎圣母院（Notre-Dame）的神学院、博雅教育学院和医学院。

插图　左图，剑桥大学国王学院。上图，14世纪一位法学教师墓碑上的浮雕，现藏于博洛尼亚公民博物馆。

ultramontanorum）两个学生公会，其中包括几名女性。这些自治社团的成立是为了实现双向保护，其特殊的管理机制对教师的影响是决定性的：不符合要求的教师会遭到社团的抵制，职业生涯也会因此终结。

教师们的工资由大学支付；学生和教授们发誓听从于大学的校长，也就是学生公会的领导。按照当时的规章制度，教师请假必须通过校长征得学生们的同意，即使一天的短假也不例外，无权随意休假。

博洛尼亚的教师们

随着名气的与日俱增，博洛尼亚大学表现出一种世俗甚至反教会的精神，这在其他欧洲大城市中比较罕见。由于教师和学生们的迁移，在意大利形成了一个与博洛尼亚相似的大学网。皮立翁（Pilio）老师于 1182 年离开了博洛尼亚，并在摩德纳（Modène）建立了一所学院；雅各布·达·曼德拉（Jacob da Mandra）也仿效这种做法于 1188 年在雷焦艾米利亚（Reggio Emilia）办学。

多地采用同样的机制兴办大学，如 1204 年的维琴察（Vicence），1215 年的阿雷佐（Arezzo）和 1222 年的帕多瓦（Padoue）。后来，帕多瓦在法学院的基础上又加设了艺术学院和医学院，其中医学院还拥有 16 世纪建造的欧洲最古老的解剖室，至今仍在使用。邻近的城市威尼斯也将学生们送到帕多瓦学习，并支付一部分教师的薪水。

为了让意大利南部的学生能够读书，腓特烈二世（1194—1250，神圣罗马帝国皇帝亨利六世之子）皇帝于 1224 年成立了那不勒斯（Naples）大学，这是世界上最古老的世俗学校。

巴黎大学

在法兰西，大学的发展特点有所不同。巴黎圣母教会学校由于有香浦的威廉[15]（Guillaume de Champeaux）和彼得·阿伯拉尔（Pierre Abélard）这样的名师而享有盛名。在这样的背景下，教师（magister）这种身份出现了，而这种身份当时是指获得了圣母院学校校长颁发的教学资格证的人。巴黎大学凭借发放教学资格证，建立起了单一的师资渠道。按照惯例，任何学生在有资质的教师的课堂上过一段时间课就都有资格向老师申请并获得许可，申请人的身份没有限制，也没有其他附加条件。例如，彼得·阿伯拉尔就曾被指责未曾按规矩完成学业就从事教学工作。

这种充分体现师生关系的教育观念在大学创立之初便出现了，而行业公会正是依照这样的预期建立起来的，并使用“大学”（universitas）一词展现了这个机构的特色。就这样，中世纪最著名的巴黎大学诞生了。1240 年，编年史家马修·帕里斯（Matthieu Paris）就用巴黎“优秀教师联合会”（association de maîtres élus）这一历史悠久的组织来类比巴黎大学。

[15] 香浦的威廉，一般简称“香浦”，中世纪实在论哲学家。Champeaux，今译尚波，法国地名，在法国塞纳-马恩（Seine-et-Marne）省省会默伦（Melun）附近。——译者注

巴黎大学的一课

在中世纪拉丁语书写的文章中，大学生被称为scholaris，老师叫作scolasticus。由于大学是作为教堂或修道院的附属设施而创建的，很多学生都是已皈依的教士。大部分学生来自外地，并按照原籍地即不同的行省总督管辖地来分组。由于学费昂贵，许多学生无法学完所有课程。为此，第一所针对寒门学子的医科大学——巴黎主宫医院（l'hôtel-Dieu de Paris）于1180年被创立，而教授通识学科的卢浮圣托马学院（Saint-Thomas du Louvre）也在不久后的1186年成立。到了12世纪，教师的社会地位有所提高，教堂也认可大学教师为高级教士中的精英。到了13世纪，神学院的教席长期被托钵修会（les ordres mendiants，道明会［dominicains］和方济各会［franciscains］）成员垄断，而这些服务于宗教裁判所的群体与世俗神父长期针锋相对，并参与了针对卡特里派（cathares）教徒的教内十字军。

语法课 15 世纪雕塑家卢卡·德拉·罗比亚（Luca della Robbia）的浅浮雕作品，现藏于佛罗伦萨（Florence）主教座堂博物馆。

❶ **学生** 由于学习费用（包括住宿、教材、税等）昂贵，上大学是贵族和城市中产阶级的专利。有时候学生太多，大家不得不席地而坐。

❷ **教室** 授课地点可能是教室、租借的礼堂、教堂的内院甚至公园和花园。教皇塞莱斯廷三世（Célestin Ⅲ）和英诺森三世都毕业于巴黎神学院，他们为罗马教廷做出了巨大的贡献。

❸ **讲台** 15世纪时老师的座位（cathedra，教座）非常宽大，有些还配有华盖。教师身着教士服，头上的貂皮帽和白貂衣领彰显其在教室里的绝对权威。

❹ **博雅教育** 中世纪大学和学院的通识教育内容被称为博雅教育，分为三学（trivium，文法、修辞、逻辑）和四术（quadrivium，算术、几何、音乐、天文）。

❺ **学科** 这幅细密画中展示了一堂教授主讲课（lectio magistralis，拉丁语），学科负责人也在场督教。课上，学生可以通过喊叫甚至扔物品的方式来表达观点，现场还有专人维持秩序。

有些学者认为，最早的大学于1170年前后以教师公会（corporation de professeurs）的形式成立，后来才演变成学院的集合体。到了1210年左右，巴黎大学毕业的教皇英诺森三世（Innocent Ⅲ）下了一道谕旨，批准并承认了教师公会的地位。随后，英诺森三世再次下诏，允许教师公会选派代表前往教廷。

老师与学生

此后数年里，神学、法律、医学和艺术这四类学院逐渐建立起来。艺术学院的学生（artistae）最多，这些自称为“吟游诗人”（goliards）的年轻人创作讽刺诗歌和笑话调侃统治阶层，为塞纳河（Seine）沿岸的小酒馆带来了欢声笑语。

授课通常在巴黎圣母院、圣女热纳维耶芙教堂（Sainte-Geneviève）和圣维克多（Saint-Victor）修道院的内院进行，有些教师也会租借公共场所进行教学。这些后来被称为“教授”（professeurs）的教师都是剃度的教士，他们会在婚后失去职位，这种现象直到15世纪后才有所改变。

在作为教学活动主要载体的讲课过程中，教师朗读文章并对其加以点评。当时，学生们大都无法支付昂贵的教材费用，而且图书馆里的藏书也不全。在课堂上，学生们席地而坐，抄写大量的笔记。由于需要记忆的知识量太过庞大，学生们常常借助记忆法来背诵那些冗长且生硬的句子。因此，学校也希望教师在课上不要照本宣科，用生动和即兴的方式来讲解知识。另外，新生可以免费学习三门课程，而此后的课程则必须付费。

学生通常住在学生团体组织租用的寄宿公寓（hospicia）里，这样就大大加速了城市的商业繁荣。同时，贫困的学生可以向教会、修道院或专门的慈善机构申请奖学金（bursae，拉丁语）。

随着老师们的名气越来越大，12—13世纪很多著名的思想家（彼得·阿伯拉尔、大阿尔伯特[16][Albert le Grand]、布拉班特的西格尔［Siger de Brabant］、托马斯·阿奎那［Thomas d'Aquin］、圣文德［Bonaventure］、罗吉尔·培根

[16] 大阿尔伯特，全名阿尔伯特·麦格努斯（Albertus Magnus），中世纪德意志神学家、经院哲学家和科学家，托马斯·阿奎那的老师。——译者注

学生间的争论　14 世纪的雕塑，一名法学家介入一场博洛尼亚大学学生间的争论。现藏于巴黎卢浮宫博物馆。

[Roger Bacon]，以及邓斯·司各脱 [John Duns Scot] 等）在这里不断涌现，使得巴黎大学的名气也越来越响。学校的人员名册（registre du personnel）中的人物，与 12—13 世纪历史上最著名的哲学家相比也毫不逊色。

蒙彼利埃、奥尔良、昂热

国内各地大学的建立让法兰西成为欧洲思想的明灯。例如，奥尔良（Orléans）和沙特尔两所大学相互竞争了好多年。当时，名气稍逊的昂热（Angers）法学院事实上也颇具影响力，后来逐渐成为法国最重要的大学之一。图卢兹的大学是在与“异端”（hérésies）和卡特里派教徒的斗争中建立起来的。然而，巴黎以外地区最著名的大学毫无疑问是蒙彼利埃（Montpellier）大学。蒙彼利埃位于马赛（Marseille）和阿拉贡王国都城巴塞罗那之间，商业繁荣，文化多样（包括法兰西、希腊、加泰罗尼亚［Catalane］、阿拉贡、犹太和热那亚文化）。也许，蒙彼利埃医学院的建立得益于邻邦萨莱诺（Salerne），在那里上课的老师和外科医生为学校赢得了很高的知名度。

英格兰的学校

在英格兰，教授民法的机构不是大学，而是在伦敦为数众多的律师学院（Inns of Court）。真正意义上的大学教育出现在泰晤士河（Tamise）畔的小镇牛津。12世纪，从巴黎求学归来的神学家罗伯特・普伦（Robert Pullen）在牛津创立学校，教授神学课程，很快就吸引了其他老师和众多学生，并为日后牛津大学的创立打下了基础。根据一份1209年的登记表记载，当时学校师生总人数达到了3000人左右。后来，学校又陆续成立了艺术、神学、医学和法律四个学院。到了13世纪，学校建造了大量学生和教师的住房及教室。1260年，约翰・巴里奥（Jean de Bailleul，约翰一世）作为苏格兰国王的父亲和英格兰国王亨利三世的亲信，在牛津创立了一所以自己名字命名的学校，并通过每月发放补贴的方法满足贫困学生就学的需要。三年后，沃尔特・德・墨顿（Walter de Merton）出资设立了墨顿学院（Merton College）。由于接收了大量补贴和捐赠以及财产增值，学校很快就变得非常富裕。于是，老师们通过投票选举一位资深教员（senior fellow），专门负责管理学校名下的住房。

13世纪牛津大学的本质仍然是多所学院组成的教师公会，日常事务由选举出的校长和总务来打理，并听命于林肯郡（Lincoln）主教和国王。在那个时代，方济各会成员罗吉尔・培根毫无疑问是最声名显赫的学生。牛津还有一众对学业感兴趣的方济各会僧侣（包括亚当・马什［Adam Marsh］、约克的托马斯［Thomas de York］和约翰・佩查姆［John Peckham］），师从13世纪最了不起的牛津学者罗伯特・格罗斯泰斯特（Robert Grosseteste）。任教之前，格罗斯泰斯特就在牛津潜心研究法律、医学和自然科学，随后被推选为“牛津学院大师”，即后来的校

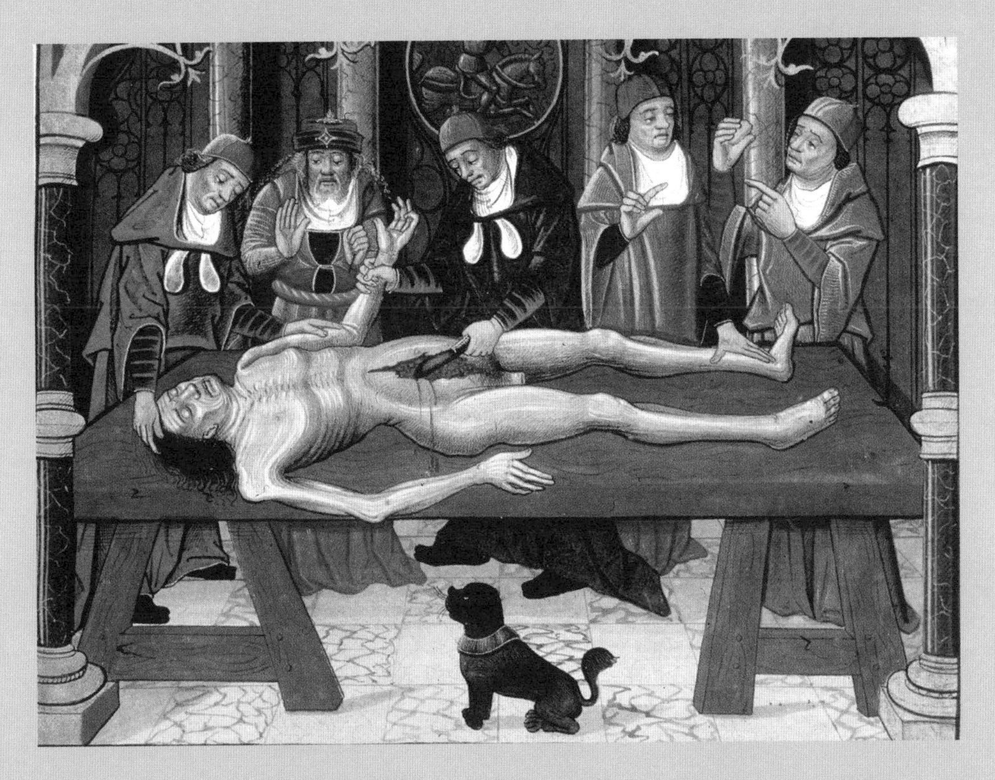

一堂解剖学课 15世纪时英国人巴托罗缪（Barthélemy）所著《物之属性》（*Livre des propriétés des choses*）中的插图，现藏于巴黎法国国家图书馆。

长头衔。

根据马修·帕里斯的记载，1209年前后，发生了3名学生因被指控谋杀而被处以绞刑的事件。为了表达抗议，震怒的3000名师生离开牛津逃到了剑桥（Cambridge），并等待着巴黎师生的到来，但这一等就是二十年（1229年）。1281年，伊利（Ely）座堂主教在剑桥创办了第一所世俗学校——圣彼得学堂（le collège Saint-Pierre），也就是今天的剑桥大学彼得学院（Peterhouse）。

皇家大学

西班牙大学的特殊性在于它们都由王室创办和管理。卡斯蒂利亚的第一所皇家大学创建于1208年的帕伦西亚（Palencia），百年后被迁至巴拉多利德（Valladolid）。莱昂也有自己的大学，而萨拉曼卡在这方面也不遑多让（1218年建立萨拉曼卡大学）。马略卡（Majorque）王国于 1280 年创立了帕尔马（Palma）大学，而加泰罗尼亚也在 1300 年建立了莱里达（Lérida）大学。

经院哲学

随着时代的发展，大学教育也逐渐统一。欧洲人尝试使用以拉丁天主教有神论为基础的教育模式，而这种源于当时最先进、拥有顶级名师的巴黎大学的教学模式催生了一种哲学理念——经院哲学（scolastique）。在教学过程中采用固定的辩论形式，称为"士林辩论"（scholastica disputatio）。对于一个问题，人们提出反对的观点，然后通过引用《圣经》、天主教早期教父们的话语和客观论据来证明自己的观点。同样，人们也可以表示同意，然后用同样的方式加以印证。还有一种纯理论辩论（quodlibet，字面意思为"任意事物"），参与双方可以即兴选择任何辩论主题。

经院哲学作为一种教学方法诞生于巴黎，随后历经坎坷演变成哲学理论。首先必须清楚的是，虽然神学知识可以用于回应哲学论点，但哲学仍被视为服务于神学，正如当时一些老师所说，"哲学是神学的婢女"（philosophia ancilla theologiae）。13 世纪初，在巴黎任教的主教奥弗涅的威廉（Guillaume d'Auvergne）就十分反对这种新观念，认为它们与自己信奉的激进奥古斯丁主义（augustinisme）完全背道而驰。由于无法在信仰和理性之间进行选择，奥弗涅的威廉决定放弃原来的道路。以神学家黑尔斯的亚历山大（Alexandre de Hales）为代表的部分方济各会僧侣，通过运用哲学和亚里士多德学说的论据，将经院哲学作为捍卫基督教的一种可行方法。相比亚里士多德的追随者珍视的理性和智慧，各大修会更强调柏拉图宣扬的意愿与爱，如在熙笃会（Cistercien，又译西多会）修道院隐修士圣伯纳德（Bernard de Clairvaux）的神秘学作品中也可以看到同样的取向。

普罗提诺–奥古斯丁主义（platonico-augustinienne）的立场主导了 13 世纪上半叶的经院哲学思潮，其代表人物为圣文德。圣文德原名乔瓦尼·迪·费丹扎

了不起的笔记

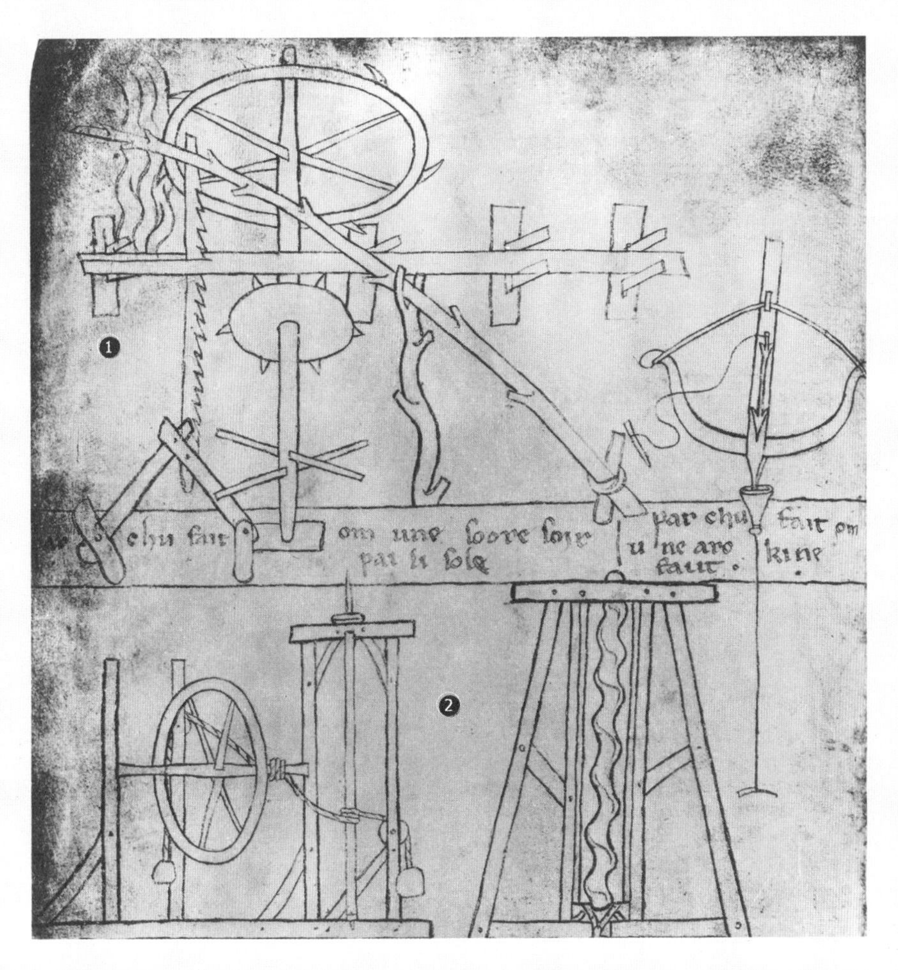

维拉尔·奥恩库尔（Villard de Honnecourt）是一位游走各地的设计师和建筑师，这里展示的是他的33页笔记（现藏于巴黎国家图书馆）。13世纪上半叶，维拉尔·奥恩库尔在皮卡第（Picardie）从事建筑师的工作，他与今天的工程师一样利用所学的知识制造设备工具，如附注的图纸所示（见上图）。这份笔记中包含很多建筑和雕塑的设计图以及设备工具草图，并附有注解。图中展示了两台器械：❶水力驱动的锯子。旋转的桨叶将水力转化为机械力，通过转轴和凸轮带动锯子工作。❷这是一张阿基米德式螺旋抽水机的设计图，由人力驱动提升。这些设备制造于13世纪，需要很高的材料处理技术。

（Giovanni di Fidanza），1221年生于托斯卡纳，在加入方济各会并成名后改名，而他的学生中不乏像约翰·佩查姆这样的出类拔萃者。圣文德在牛津任教期间传播自己的观点，但也遭遇了来自另一个强势的托钵修会——道明会的不少责难。人称“全知博士”（Doctor Universalis）的大阿尔伯特于1245—1248年在巴黎大学教授神学期间，也支持正统的亚里士多德主义。

亚里士多德的遗产

大阿尔伯特沉迷于知识并非常欣赏亚里士多德，他是第一位研究其哲学著作并用基督教语言加以诠释的经院哲学家。他在生活中遭遇了众多起伏，但没有妨碍他成为一名多产的作家，保留至今的作品超过30卷，而能达到这样成就的作家凤毛麟角。他虽然一直靠东挪西借度日，但从未抵赖过任何一笔借款。他的作品的标题几乎与亚里士多德作品的标题一一对应，也会使用阿威罗伊（Averroès）的评注，但会与那些远离基督教神学的观点保持距离。他也会借鉴穆斯林思想家们的观点，现在他的手稿已经成为研究中世纪阿拉伯哲学的重要原始资料。在大阿尔伯特的文章中，可以找到多处引用阿维森纳（Avicenne）的句子和少量犹太人迈蒙尼德（Maïmonide）《迷途指南》（*Guide des égarés*）中的话语。大阿尔伯特将经院哲学推向了一个新的高度，如果没有他的铺垫，也不会出现另外一位了不起的人物——托马斯·阿奎那。

圣托马斯·阿奎那

托马斯·阿奎那于1225年出生在罗卡塞卡的家族城堡，位于那不勒斯和罗马之间。他的父亲是日耳曼神圣罗马帝国皇帝腓特烈二世的亲信之一——兰杜尔夫·阿奎那（Landulphe d’Aquino）伯爵，母亲出身于西西里王室欧特维尔家族。他在离家不远处的卡西诺山（Mont-Cassin）修道院上过学，但使他最受益匪浅的是在那不勒斯大学参与翻译阿威罗伊作品的经历，而让他了解到亚里士多德作品的人正是他的第一位导师爱尔兰的彼得（Pierre d’Irlande）。托马斯·阿奎那很早就展现出过人的才智，他的导师也决定派他前往巴黎大学师从大阿尔伯特。在巴黎

柏拉图、亚里士多德及其主张：中世纪哲学的使命

柏拉图专注于心智世界，而亚里士多德则聚焦于感性世界。两位哲学家的学说包罗万象，小到微型自然生物，大到驾驭世间万物的智慧，无一不有所涉及。12世纪，人们围绕哲学在基督教文化中的作用展开了激烈争论。起初，普罗提诺-奥古斯丁传统的新柏拉图主义占据上风。13世纪，由于宗教裁判所的出现，穆斯林哲学家阿维森纳、阿威罗伊以及犹太哲学家迈蒙尼德的著作被大量翻译传播，亚里士多德的哲学思想在辩论中也被广泛使用。圣文德对柏拉图和亚里士多德都进行了批判，因为前者否认上帝创世说并认为物质是永恒的，后者则有过实体是由“形式”和“质料”构成的论断。中世纪哲学和经院哲学完成了将希腊唯理主义引入基督教文化的挑战，如圣安瑟莫（Anselme）和圣托马斯·阿奎那这样既信奉基督教教义又倡导教义框架下亚里士多德方法论的思想家让大家认识到各派学说的局限性，同时影响了柏拉图主义和亚里士多德主义的发展。

插图　15世纪贝诺佐·戈佐利（Benozzo Gozzoli）的画作《圣托马斯·阿奎那的凯旋》（*Consacrée au triomphe de saint Thomas d'Aquin*），画中托马斯·阿奎那两侧站着的是柏拉图和亚里士多德，地上匍匐着的是阿威罗伊。现藏于巴黎卢浮宫博物馆。

萨拉曼卡大学 1218 年由莱昂国王阿方索九世（Alphonse Ⅸ）建立，这座西班牙第二古老的大学如今仍在履行着传播知识的职责。

大学以及奥尔维耶托（Orvieto）和维泰博（Viterbe）的教会学校教书期间，托马斯·阿奎那将经院哲学推到了新的高度。

部分在巴黎大学教书的老师向人们揭示了宗教框架以外的亚里士多德，他们的成功也让经院哲学在当时经历了一个转折点，而他们之中最重要的是拉丁阿威罗伊主义的拥护者布拉班特的西格尔（Siger de Brabant）。看到这些老师在学生中备受欢迎，教廷不得不做出反击，而托马斯·阿奎那是唯一完成这项任务的人。1270年，托马斯·阿奎那接受委派第二次前往巴黎，去制衡以布拉班特的西格尔为首的阿威罗伊主义者。一场重要的智力辩论一触即发，托马斯·阿奎那面对来自圣文德的学生、方济各会成员约翰·佩查姆的批评。经过三年的唇枪舌剑，双方都无法彻底占据上风。耗费了大量精力的托马斯·阿奎那的健康每况愈下，终于在 1272 年接受安茹国王查理一世（Charles d'Anjou）的邀请返回意大利，重新掌管那不勒斯大学。

在人生的最后几年，被辩论折磨得筋疲力尽甚至灰心丧气的托马斯·阿奎那再没有写下任何手稿。在托马斯·阿奎那去世的1274年，关于拉丁阿威罗伊主义的辩论又开始出现，布拉班特的西格尔的作品也遭到坦皮尔（Tempier）主教的抨击。

英格兰和法兰西王后

阿基坦的埃莉诺（Aliénor d'Aquitaine）墓碑上的卧像。埃莉诺先后嫁给法兰西国王路易七世（Louis Ⅶ）和英格兰国王亨利二世·金雀花，是“狮心王”理查一世的母亲。现藏于丰特夫罗（Fontevrault）修道院。

插图（右侧） 14 世纪一面象牙镜的盖子，上方装饰展示了竞技比赛和宫廷爱情的场景。

王朝国家的起源

12 世纪，经济高速发展，商业革命引发社会变化，王朝国家便在此背景下出现了。算术和会计学被引入公共行政，真正的国家公务员开始出现，但国王仍是“同侪之首”（primus inter pares）。由此，催生了圆桌会议的政治神话，骑士制度也成为宫廷文化的基石。

12 世纪，影响商业领域的三个元素叠加起来促成了“商业革命”（révolution commerciale）：海洋共和国和汉萨同盟（hanséatiques）的船队打开了地中海和波罗的海的航路；长途货运的增加使得西方的毛布和木材可以在近东港口交换来自印度洋的香料、丝绸、锦缎、瓷器和其他奢侈品；区域和国际市场上剩余农作物的贸易改变了城市的传统功能及其影响范围。

商业革命对城市生活产生了巨大影响。商人们开始摆脱封建领主们的束缚，他们联合起来要求商业活动所需的自由和特权，以及更多的政治自治。与贵族相比，商人们在探索新技术和海战战术上确有优势，能让力量的天平向自己倾斜，于是有底气提出上述要求。

人口的城市集中化正是从意大利开始的。在底层教士抗议圣职买卖的巴塔里亚运动（pataria）之后，以米兰为代表的大城市开启了疯狂的扩张，紧接着热那亚、威尼斯、比萨、普拉托（Prato）、锡耶纳（Sienne）和佛罗伦萨等城市纷纷效仿，而全国大部分的经济和金融资源都聚集在这些城市里。欧洲的其他地区也享受着城市扩张带来的繁荣，如荷兰、莱茵河沿岸、法国北部和普罗旺斯（Provence）。除了巴黎，这些城市或多或少都在国际市场上受到意大利城市的影响。

合同与货运

商业革命使商人群体内部出现了新的合作形式。当时，标准的契约称为“柯曼达”（Commenda），在 12 世纪时广泛应用于地中海沿岸的基督教和穆斯林港口。这种单一的经营（港口间往返）协议，通常用于出资方与运输方之间的合作。根据协议，如果交易过程顺利，出资方获得四分之三的利润；如遇变故，则承担全部损失。

在陆路贸易领域，最常见的合作形式是兄弟会和协会，而这类契约基于共同管理未分财产的原则。协会的成员通常是兄弟或者亲戚，他们为了完成共同的目标而集资。几年后，他们按各自的股份比例分享利润。这种合作方式非常严格，与条款灵活的“柯曼达”截然不同。当时，还出现了其他小型商业之间的合作，如城市中许多零售商、店主、小贩和工匠通过契约完成的合作。随着时间的推移，这种小型商业之间的合作逐渐形成了商人行会。

从罗马帝国时期到 12 世纪，河流和罗马道路一直是最安全的路线，它们是内陆运输的基础。封建领主保障通行安全并收取过路费和税金，有时候中层阶级（leudes，意为效忠王室的近臣）还需缴纳额外的费用，而这样的系统为贵族和君主提供了可观的收入。胸带和颈軛的发明以及马匹饲养业的迅速发展优化了重载马车和驴车，陆路贸易也因此受益。柯克船的发明也让航海技术有了长足的进步，这种借鉴早期凯尔特人船只设计的商船非常便于运输货物，并在 12 世纪的大部分时间里都在海运方面占据着重要地位。

柯克船：中世纪商船队的标志

汉萨同盟的商船名为柯克船（kogge），而这个名字在拉丁语和法语中变成了cogue和coche。在13世纪经济爆发期来临之前，这种小船已经存在了一段时间。这些用橡木打造、上方挂有一块方形帆的帆船，构建了欧洲海洋贸易的基础。

柯克船、卡拉维尔帆船（caravelle）和捕鲸船都是最常见的“圆形”（ronds）船，船上配置的船员数量不多，有时还会请一些配备武器的卫队以防备活跃在各个海域的海盗袭击。航行在波罗的海和北大西洋的柯克船身形都比较大，一般由多块甲板组成。地中海的柯克船通常只有一块甲板，且艏楼（船首部分的上层建筑）的形状要方正不少。船上通常只有一根桅杆，但在13世纪时桅杆上逐渐配备了拉丁帆或方形帆索具。根据记载，早在13世纪，柯克船就开始在伊比利亚半岛从事贸易活动，而到了14世纪其数量迅速增长。坎塔布里亚（Cantabrique）海域的商人将这类船只带到了半岛东南部（地中海），并进行了缩小改良。每艘柯克船可以装载50～250吨货物，造价在50～2500里弗尔（金币）。

插图　14世纪的细密画，描绘了当时的海洋贸易。现藏于都灵国家图书馆。

东方的十字军国家

第一次十字军东征（1096—1099年）时在叙利亚和巴勒斯坦建立了四个法兰克（拉丁）国家，从北到南依次是埃德萨伯国、安条克公国、的黎波里伯国和耶路撒冷王国。在热那亚、比萨和威尼斯舰队的战略和军事支援下，十字军才能够攻占沿岸的重要港口：阿卡（Acre，1104年）、的黎波里（1109年）、西顿（Sidon，1110年）、推罗（1124年）和亚实基伦（Ascalon，1153年）。当时，十字军还占领了约旦（Jourdain）东部被称作外约旦（Transjordanie）的地方，而埃德萨伯国于1144年重新落入穆斯林手中。1160年，剩下的三个国家领土扩张达到了顶峰。

针对该地区各种地理和人口状况的研究，揭示了12世纪十字军国家的一些特征。这片地区由狭窄的沿海平原、一座山脉（黎巴嫩［Liban］）、一片内陆洼地（贝卡［Bekaa］谷地和约旦河谷）和一片延伸到沙漠的高原组成。十字军在意大利海洋共和国的帮助下成功在海岸地区站稳脚跟，但无法攻克阿勒颇（Alep）、大马士革、霍尔姆斯（Homs）和哈马（Hama）等叙利亚沙漠地区的大城市。这些拉丁殖民地人口不多，但频繁在此地采取军事行动的各路骑士团，以及出于宗教狂热或个人野心不断前来的十字军让此地并不缺少喧嚣，而他们中很少有人会选择永久定居。

直到12世纪末，当地众多穆斯林小国林立，十字军借此令耶路撒冷王国采取了非常积极的外交手段。但是，这里最终还是充斥着北方突厥人和南方法蒂玛王朝[17]（Fatimides）之间的争斗，以及各城市社群和统治者之间的矛盾。

西欧封建臣属制度的引入改善了当地的防御力量，任何拥有封地的人都必须骑上自己的马、拿起自己的武器履行参军义务——“骑士”（chevalier）一词也来源于此。大领主的领地内有多块封地，如凯撒利亚（Césarée）有100块封地，当地领主在战时就必须为皇家军队提供100名全副武装的骑士。鼎盛时期，耶路撒冷王国拥有多达700名骑士，一名骑士配有四五位助手，包括侍从和马夫等。骑士每年必须在城堡服四个月的兵役，战争时期还需要到前线再服役四个月，剩下的四个月则

[17] 法蒂玛王朝，中世纪北非的一个穆斯林王朝。中国史书中称为“绿衣大食”。——译者注

可以待在自己的封地内，没有君主的允许不得离开。

十字军还在穆斯林和拜占庭的城堡遗址上修建新的堡垒，一般是带角楼的古罗马拜占庭兵营样式，有些还建有双层护墙，少量堡垒还会建在岩石尖坡上。这些堡垒所处的位置，对应法兰克人和穆斯林世界的边界。此后，堡垒也作为征服行动的大本营，展现出十字军的进攻意愿。到了 12 世纪，这些城堡在防御行动中扮演了重要角色，其防御能力取决于动员军队的支援力度。随着时间的流逝，基督徒们建造了越来越多的城堡以抵御阿尤布王朝军队的频繁袭扰，其中也包括医院骑士团和圣殿骑士团驻守的著名堡垒——巴格拉斯（Baghras）、马盖特（Margat）、骑士堡、

中世纪的锡耶纳

12 世纪初，锡耶纳人推翻了贵族阶级并建立了共和国，城里所有的商人、手工业者和工人都因此获益。锡耶纳位于法兰西大道上，这条连接罗马和坎特伯雷（Canterbury）的朝圣之路在中世纪成为主要的商道之一。

插图 锡耶纳田野广场，是欧洲保存最完好的中世纪公共广场之一。

骑士堡：十字军的堡垒

骑士堡（le krak des Chevaliers）的遗址上曾经建造过三座堡垒，建筑风格分别是叙利亚式、西欧式和塞尔柱土耳其式。在11—12世纪十字军到达这里时，城堡就已经存在了。当时的黎波里伯爵雷蒙德四世（Raymond Ⅳ de Toulouse）率军包围了这里，但没能将其攻陷。后来，加利利亲王坦克雷德（Tancrède de Galilée）于1110年夺取了城堡，随后将其转交给的黎波里伯爵雷蒙德二世（Raymond Ⅱ de Tripoli）。雷蒙德二世又将堡垒让给了耶路撒冷圣约翰医院骑士团（ordre hospitalier de Saint-Jean，马耳他骑士团［ordre de Malte］），而骑士堡正是医院骑士团和圣殿骑士团的能工巧匠们的杰作。建造工程始于1142年，并在1271年由于马穆鲁克（mamelouks，阿拉伯奴隶兵）骑兵的围困而被迫停止。突厥人完成了剩下的工程，并添加了几座新建筑。阿尤布王朝（Ayyoubide）苏丹拜伯尔斯（Baybars）在攻打的黎波里的战役中将此地作为大本营。随后，马穆鲁克骑兵在攻打阿卡城（Saint-Jean-d'Acre）时也使用过这座堡垒。

坚不可摧的结构

经历了三个发展阶段后，骑士堡最终成为一座坚不可摧的堡垒。第一阶段（1142—1190年）建造了多边形城堡，双层围墙形成了一条供人通行的拱形走廊，横墙将军械库周围的空间划分开来。第二阶段（1190—1200年）建造了带有箭眼和通道的外墙，外墙后建有巨大的斜堤和一座瓮城。第三阶段（1200—1271年）令防御工事更加完善，建造了防冲城锤的斜坡，在南面加设了第三道墙，布置了6座半圆柱形扶壁塔，以及大量的垛口和箭眼。拜伯尔斯修复了在1271年战斗中损毁的建筑，并在东南部和南部分别建造了一座圆柱形塔楼和一座方形塔楼。

防御 堡垒、
塔楼都是由石
砖砌成。

❷ 军械库 城堡内可以驻扎2000多名士兵，是入侵该地区理想的基地。

❸ 致敬塔 指挥官住所，位于堡垒南面。

位于东面，
有塔楼。

❺ 进门坡道 通往堡内的长廊，周围布满箭眼。

❻ 拱形走廊 建于内外城墙之间，典型的医院骑士团兵营风格。

礼拜堂 1115
内有半圆形

❽ 马厩 60米长的建筑，位于整座堡垒的东侧。

❾ 水道桥和浴场 拜伯尔斯和他的继任者建造了水道桥和土耳其浴场。

拱形走廊 连接两道平行、同心城墙之间的通道，是堡垒防御工事的重要组成部分。

穆斯林的进攻 《伟大的远征》（*Grandeconquête d'Outremer*）某章节配有首字母的装饰画，描绘了1163年努尔丁（Nur ad Din，本名努尔丁·马哈茂德［Nur al-Din Mahmud］）攻打骑士堡失败时的场景。

基督徒包围和占领亚实基伦堡垒

埃及的宫廷内斗和维齐尔[18]（vizir，大臣）伊本·萨拉尔（Ibn as Salar）的去世让法兰克人轻松从法蒂玛王朝手中夺取了亚实基伦。根据阿拉伯历史学家阿布·菲达（Aboul Féda）《年鉴》（*Annales*）中的记载，耶路撒冷王国的法兰克人借此机会包围并占领了这座坚城。但根据1130年生于耶路撒冷王国的十字军历史学家推罗的威廉（Guillaume de Tyr）的记载，该战役是在非常紧迫的情况下发起的。

1153年11月23日，也就是鲍德温三世在位的第九个年头，耶路撒冷的基督徒们成功赶走了对王国虎视眈眈的5000名突厥人。此番激战后，基督徒们召开会议决定对亚实基伦的居民展开报复袭击，因为这些埃及法蒂玛王朝的臣民此前曾利用一切机会欺辱基督徒。于是，耶路撒冷城中所有军队集结到亚实基伦周围，躲在亚实基伦堡垒内的防守一方目睹了纷纷前来助阵的王国其他城市的军队，其中包括推罗、凯撒利亚、拿撒勒（Nazareth）、阿孔（Acon）、伯利恒（Bethléem）的大主教，圣殿骑士团和医院骑士团团长，20多位领主和一众骑士。在这场战役中，威尼斯、热那亚、比萨甚至法兰德斯和挪威的船只都参与了。

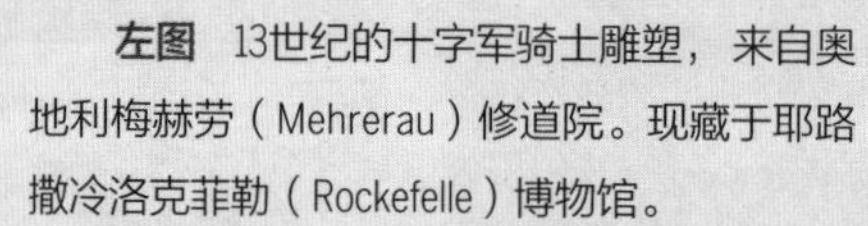
左图 13世纪的十字军骑士雕塑，来自奥地利梅赫劳（Mehrerau）修道院。现藏于耶路撒冷洛克菲勒（Rockefelle）博物馆。

塔尔图斯（Tortose）、西顿、博福尔（Beaufort）、蒙福尔（Montfort）和阿苏夫（Arsuf）等。

此后，围绕这些城堡，不断有人聚集而来。城墙附近常常建有村庄和教堂，遇到危险或者被沙漠游牧民族侵袭时可以登上教堂敲钟发出警报。事实上，这也是西方一个世纪以前采用的预警方式。

[18] 维齐尔，古埃及侍职于法老的最高层官员的称谓。——译者注

❶ **亚实基伦**　位于地中海沿岸，是在非利士人[19]（Philistins）的故土上建立的5座城市之一。城市沿海岸而建，呈半圆形。

❷ **外城墙**　在原环城道路的基础上建造，石料用灰浆黏结。沿城墙建有塔楼，墙体的高度和厚度便于开展守城战。

❸ **内墙**　高处开凿垛口让堡垒的防御系统更加完善，城墙内外有许多掩体。

❹ **城门**　四座城门是堡垒防御工事的组成部分，城门两侧皆有塔楼。东面是耶路撒冷门，西面是海洋门，南面是加沙门，北面是雅法门。

❺ **基督徒舰队**　西顿伯爵杰罗·格莱尼埃指挥的15艘配备撞角的战舰，从海上封锁此城。

❻ **围城军**　基督徒们认为围城战会旷日持久，因为沿城墙建造的50座塔楼令亚实基伦看上去坚不可摧。

❼ **攻城塔**　基督徒们建造的攻城塔比城墙还高。为了防火，塔上包裹着皮革并装有大钉。

❽ **被摧毁的城墙**　经过五个月的围城，一部分城墙已坍塌，但守军又继续坚持了五个月，直到1154年12月12日。

熙笃会改革

进入13世纪后，经济发展和十字军东征的影响激起了人们对教会复兴和改革的渴望，而教会将这种趋势认定为“异端”并努力压制。为了寻求教会复兴，部分隐修教士隐居山林，如一位名叫彼得（Pierre）的教士就远离尘嚣在勒芒（Le Mans）郊区安家，靠纺纱和吃野菜

[19] 非利士人，也叫作腓力斯丁人，古代“海上民族”，居住在地中海东南沿岸加沙一带，公元前5世纪消失。——译者注

克莱尔沃的伯纳德的杰作

克莱尔沃的伯纳德（1090—1153）加入了莫莱斯姆的罗贝尔和斯蒂芬·哈丁领导的运动，对熙笃会进行了改革。继克莱尔沃修道院后，欧洲范围内又建起了数百座熙笃会修道院。

在1112年伯纳德担任院长之前，建立于1098年的克莱尔沃修道院的日常运转一直处于不稳定的状态。在1109年斯蒂芬·哈丁被任命为院长时，克莱尔沃修道院甚至都没有初学修士。斯蒂芬·哈丁除了倡导清贫和简朴的理念，这位英国的人文主义者和宗教人士还反对奢侈浪费，并掀起了一场大规模的智力活动。克莱尔沃的伯纳德在塔尔拉拜（Tart-l'Abbaye）建立了熙笃会女子修道院。熙笃会的发展十分迅速，在其创始人莫莱斯姆的罗贝尔去世时仅男性机构数量就已超过500家，分布在法兰西、西班牙、英格兰、爱尔兰、法兰德斯、意大利、德意志、瑞典、丹麦和匈牙利等地。这是12世纪欧洲文化绽放的高光时刻之一。此外，克莱尔沃的伯纳德还支持教皇英诺森二世（Innocent Ⅱ）对抗敌对教皇阿纳克莱图斯二世（Anaclet Ⅱ），在韦兹莱（Vézelay）宣扬第二次十字军东征，并在自己的修道院教士会议上接待了教皇尤金三世（Eugène Ⅲ）。

插图 熙笃会丰特奈（Fontenay）修道院的回廊，这座位于勃艮第的修道院由克莱尔沃的伯纳德在1119年建造。

叙热之鹰

12世纪圣但尼修道院的弥撒器物，现藏于巴黎卢浮宫博物馆。

维持生活，同时越来越多的人开始仿效这种生活方式。在当时动荡的环境下，不少宗教人士乐于居住在森林中，向人们展示教义中倡导的清贫生活。相比于那些住在满是描绘天堂和地狱画作的克吕尼修道院中的傲慢僧侣，人们更加敬佩这些甘愿落魄的“宗教狂人”（fous de Dieu）。另一种改变宗教实践的措施是改革修道院团体，即通过创建新的修道院完成机构改革。莫莱斯姆修道院院长罗贝尔（Robert de Molesme）就是这种想法的支持者，他开启了一场颠覆天主教会的运动。

1098年，莫莱斯姆修道院院长罗贝尔与一众僧侣一起创立了熙笃会修道院（西多会修道院），而这些人后来

被罗贝尔的追随者斯蒂芬·哈丁（Étienne Harding）评价为“与罗贝尔一样渴望完美”。他们遵照圣本笃的圣训，在勃艮第地区森林深处过着与世隔绝的苦修生活。他们不像其他隐士那样想要彻底终结旧组织，更愿意通过改革让教会适应新时代；他们宣扬的变革基础是“弃绝尘世”（contemptus mundi）这一惊世骇俗的告诫，其本质是回归最初的纯洁，放弃任何臆造。

熙笃会的改革，从广义上说具有本笃会（Bénédictine）性质。僧侣们被要求集体居住，避免像隐士那样自我封闭在个人的活动中。熙笃会中的一切行动都是集体完成，就像农民合力排干沼泽一样。僧侣们必须团结起来共同面对

12世纪的法兰西、英格兰和德意志

1001—1119年

宗教和战争 十字军占领了贝鲁特（Beyrouth）和西顿，法兰西国王路易六世被英格兰国王亨利一世击败。卡特里派被判为“异端”。

1124—1146年

第二次十字军东征 德意志国王康拉德三世和法兰西国王路易七世在第二次十字军东征时遭遇惨败，英格兰国王占领韦克桑（Vexin）。

1152—1159年

联姻 路易七世成功取消了与阿基坦的埃莉诺的婚约，后者改嫁给英格兰国王亨利二世（亨利·金雀花）。

1159—1189年

神圣罗马帝国与教皇 腓特烈一世（Frédéric Ier，“红胡子”腓特烈）废黜教皇亚历山大三世（Alexandre Ⅲ），并拥立对立教皇维克多四世（Victor Ⅳ）。“狮心王”理查统治英格兰。

1190—1193年

对决伊斯兰 神圣罗马帝国皇帝“红胡子”腓特烈（Frédéric Barberousse）击败突厥人。1192年，英格兰国王在雅法击败萨拉丁（Saladin）。腓力二世·奥古斯都（Philippe Ⅱ Auguste）与英格兰开战。

1199—1200年

英格兰和法兰西 《弗农停战协定》（*Trêve de Vernon*）签署，“无地王”约翰（Jean Ier Sans Terre）将埃夫勒（Évreux）和韦克桑交还给腓力二世·奥古斯都。

恶势力，并由于向往与世隔绝的生活而选择了熙笃会——一个数年后被圣蒂埃里的威廉（Guillaume de Saint-Thierry）描述为“藏匿于茂密森林和山楂树丛中，人迹罕至的地方”。修道院具有宗教隐修院和隐士索居之处的双重特征，扮演“父亲”角色的院长以家庭的形式掌管事务。

熙笃会发起的运动很快就招致克吕尼教会僧侣们的不满，但它的成功主要归功于1113年勃艮第贵族克莱尔沃的伯纳德（Bernard de Clairvaux）的到来，因为他确定了熙笃会远离世俗的理由——聚众苦行赎罪。熙笃会倡导清规，并将修士的服装改为象征个人守贫和放弃私意的白色。修道院的墙壁上没有绘制任何肖像，这也是一种放弃私意的表现。这种对个人守贫的倡导让内心私密的祈祷不再空洞，也启发了克莱尔沃的伯纳德的事业。这场运动很快扩散开来，仅仅几年时间就有4座熙笃会修道院分别在拉费尔代（La Ferté）、彭狄尼（Pontigny）、克莱尔沃（Clairvaux）和莫里蒙（Morimond）建立起来。1119年，加里斯都二世在《慈善宪章》（*Carta Caritatis*）中批准了熙笃会这个新的宗教修会。1120—1140年，熙笃会的僧侣们开始前往意大利和波兰，随后他们的足迹踏遍了整个欧洲。到1153年8月20日克莱尔沃的伯纳德去世时，熙笃会修道院的数量已经达到了343座，百年后这个数字又增加了一倍。

法兰西王国

路易六世（Louis Ⅵ）坚定的政治性格巩固了法兰西王国的统治。法兰西国王路易六世自称能创造神迹，能够通过触摸病人治疗疾病，而这种说法得到了教会尤其是经克吕尼改革后的圣但尼（Saint-Denis）修道院的支持。修道院最重要的地方在地穴，而地穴在被认为是亚略巴古的丢尼修（Denys l'Aréopagite）之墓的四周，环绕着法兰克国王们的棺木。出于这个原因，此地不仅是朝圣之所，也是建构和传播皇家思想观念的地方。

在叙热[20]（Suger）这位不甘于清修的院长的领导下，圣但尼修道院得到了长足发展。实际上，叙热最大

法兰西和英格兰的王后

阿基坦女公爵埃莉诺（图中主要人物）引领着皇家游行队伍。她身旁的人物可能是其子，即人称“无地王”的英格兰国王约翰一世。这幅13世纪的壁画绘制于法国希农（Chinon）的圣拉得贡德（Sainte-Radegonde）小教堂中。

[20] 叙热，圣但尼修道院院长，1122—1151年在位。——译者注

的愿望是为教堂增光添彩，向法国国王致敬。当叙热于1138—1140年为路易六世书写传记时，他效仿加洛林王朝的政治模式将查理大帝（Charlemagne）的形象套用在法国国王身上，记叙了包括在朗塞斯沃（Roncevaux）战役中的骑士罗兰（Roland）在内的加洛林王朝英雄们的伟大事迹，并将“他的国王”努力在全法兰西立威的想法与罗兰捍卫基督教信仰的功绩相提并论。就这样，“武功歌”[21]（les chansons de geste）成了卡佩王朝统治者的一种宣传方式。

路易六世在托孤时让叙热辅佐自己的儿子路易七世（Louis Ⅶ）治理国家，而叙热也竭尽所能维护王室的地位。

路易七世执政时期的亮点是领地内征收的年金数额大幅增加，而此类收入的增加得益于良好的行政管理和国王向“新城市”赋予免税的特权。在这样的背景下，人民努力开荒，国库的收入来源也更加丰富。路易七世还通过集体赦免的方式释放了大量奴隶，通过创建和组织集市来鼓励手工业和商业活动，并推动巴黎、奥尔良、布尔日（Bourges）等大城市的经济发展。

韦兹莱布道

1144年圣诞节之日，摩苏尔（Mossoul）阿塔贝格（atabeg，总督）、王朝建立者突厥人赞吉的扩张运动，标志着一个不可逆转的转折点。在此前的数年，赞吉从基督徒手中夺取了安条克公国和的黎波里伯国的部分领土，但他蚕食领土的进度最后被基督徒和大马士革（Damas）的穆斯林临时组成的联军阻挡。然而，1144年12月25日，赞吉还是占领了防守薄弱的堡垒埃德萨。就这样，穆斯林开始征服这个最重要的十字军国家。最终，赞吉的儿子赛福丁·加齐一世（Saïfad-Din Ghazi Ier，1146—1149年在位）苏丹实现了这一壮举。

当埃德萨陷落的消息传到西方，法兰西国王路易七世深感震惊。1145年12月1日，出身熙笃会的教皇尤金三世（Eugène Ⅲ）发布谕旨《吾等之前辈》（*Quantum Praedecesores*），并成功劝说克莱尔沃的伯纳德前往基督教世界各地布道。就这样，新组建的十字军向东前行，去“解放东方教会，夺回埃德萨”（libérer les

[21] 武功歌，中世纪（主要是11—14世纪）流行于法国的一种数千行乃至数万行的长篇故事诗，以颂扬封建统治阶级的武功勋业为主要题材，如《罗兰歌》就是其中的代表作品。——译者注

韦兹莱的本笃会修道院：从十字军时期的辉煌到衰落

韦兹莱是勃艮第地区约纳省（Yonne）阿维尼翁州（Avallon）的省会。这座城市诞生于一座本笃会修道院附近，该修道院不仅保存着圣玛利亚·马德莱娜（Marie-Madeleine）的圣骨，还是9世纪一个女修会的总部所在地。在遭受了一群沿塞纳河顺流而上的维京海盗的包围和洗劫之后，痛苦的修女们将修道院转移到了山顶，并改造成一座堡垒。

圣本笃会的一些僧侣开始陆续前往这座新修道院。随后，圣玛利亚·马德莱娜和先知圣彼得、圣保罗的圣骨被埋葬在重新修筑了防御工事的韦兹莱圣母院祭坛下。凭借四周坚固的石砌高墙，韦兹莱修道院/堡垒能够将整座城市的居民保护在其羽翼下。修道院获得克吕尼修会成员身份对那些在此生活和工作的宗教人士来说是极好的，因为他们既不必屈从于教区的主教，也无须听令于封建君主。这群人组建了一个真正的独立于勃艮第君主的神权政治国家，只有教皇能对他们发号施令。1146年，克莱尔沃的伯纳德来到此地为第二次十字军东征做布道宣讲。此后，修道院院长们被允许头戴主教帽、手持牧杖、佩戴圣戒、脚踩凉鞋。第三次十字军东征期间，“狮心王”理查和腓力二世·奥古斯都在前往圣地前分别率军到访韦兹莱。13世纪初，贪污腐化的院长于格（Hugues）将修道院的名声毁于一旦，虽然他最后被罢免，但也未能阻止修会和修道院的衰落。

插图 韦兹莱的圣玛利亚·马德莱娜隐修院柱头详图。

églises d'Orient et reprendre Édesse)。1146 年 3 月 31 日，克莱尔沃的伯纳德在韦兹莱修道院做了一次布道，当时在场的有国王路易七世、王后阿基坦的埃莉诺（Aliénor d'Aquitaine）和不少大领主。随后，克莱尔沃的伯纳德前往德意志，参加十字军的号召在那里得到了热烈的响应。不过熙笃会僧侣拉乌尔（Raoul）煽动莱茵河沿岸地区民众反对犹太人的运动激起了一些不和谐之声。在平息了这些不和谐的声音之后，克莱尔沃的伯纳德成功说服德意志国王康拉德三世参加十字军，与他一同前往的还有一大群手持十字架的骑士。

与第一次完全不同，第二次十字军东征由西欧的两位重量级国王和一众君主领衔，出发前也做好了周密的计划。

在总结了第一次十字军东征的经验之后，第二次十字军的队伍在组织方面非常严格，似乎一开始一切都很顺利，但法兰西人和德意志人、西欧人和拜占庭人之间的矛盾不久便初露端倪。在法兰西国王路易七世拒绝了西西里国王鲁杰罗二世（Roger Ⅱ de Sicile，又译罗杰二世）一同乘船渡海的建议后，东征大业开始遭遇困难。路易七世更愿意接受拜占庭皇帝曼努埃尔一世·科穆宁（Manuel Ier Comnène）的请求，选择穿越巴尔干半岛和小亚细亚的路线。康拉德三世和路易七世最先出发，他们在安纳托利亚遭到突厥人的袭击以及疾病和食物短缺的折磨，最终只有两成的军士侥幸存活；到达安条克后，两位君主在大马士革又遭逢灾难性的挫折。根据历史学家杜伊的奥多（Eudes de Deuil）和叙利亚编年史家的记载，曼努埃尔一世·科穆宁沿途遇到的困难让十字军陷入更加糟糕的境地。

1148 年 9 月 8 日，康拉德三世结束了对神圣罗马帝国的统治，而与王后阿基坦的埃莉诺一同参加东征的路易七世一直在圣地停留至 1149 年春。在这段时间里，路易七世和王后阿基坦的埃莉诺的矛盾不断激化，主要原因是她与安条克亲王普瓦捷的雷蒙（Raymond de Poitiers）关系密切。这对夫妻关系恶化的消息传到了教廷，教皇尤金三世努力阻止这段婚姻的终结，但最终只是徒劳。此次，即便是路易七世平时言听计从的恩师圣但尼修道院院长叙热，也没能改变国王的决定。在为了缓和局势做出最后的努力之后，路易七世和王后阿基坦的埃莉诺两人于 1152 年正式离婚。不过，在宣布婚姻废止的同时爆发了另一桩巨大的丑闻，使得路易七世不得不返回法兰西。就这样，路易七世背叛了自己几年前在韦兹莱许下的十字军誓言。路易七世抛弃了十字军让克莱尔沃的伯纳德感到了深深的痛苦，在某种程度上也让整个西欧陷入了失望之中，并让一场宗教计划再次由于人为因素而遭到挫败。

亨利二世与金雀花王朝

1151年，英格兰国王亨利一世驾崩后，其女玛蒂尔达没能成功继位，取而代之的是前任国王的外甥布卢瓦的埃蒂安（布卢瓦的斯蒂芬）。1152年，玛蒂尔达和安茹伯爵若弗鲁瓦之子亨利·金雀花（亨利二世）迎娶了不久前离开法兰西国王路易七世的阿基坦女公爵埃莉诺。就这样，这位安茹王朝历史上最著名的君主亨利二世开启了统治之路，无论在物质上、军事上还是意识形态上，他都在与法兰西国王的较量中取胜。亨利二世鼓励骑士文学，淡化了法兰西史诗和颂扬加洛林王朝血统和卡佩王朝（轻视包括金雀花王朝在内的任何其他王朝）的“武功歌”。亨利二世能取得这样的成就，他的妻子阿基坦的埃莉诺和宫廷内博学的教士们功不可没，而欧洲已积累了前所未有的丰厚财富也是一个不可忽视的原因。

1154年舅舅布卢瓦的斯蒂芬去世后，亨利·金雀花除了继承安茹和诺曼底的土地，还有英格兰的王位，史称亨利二世。由于其出色的政治才能和好斗的性格，亨利二世成功控制了反对自己的贵族，收获了诺森伯兰（Northumberland）、坎伯兰（Cumberland）、亨廷顿（Huntington）等领地及其领主的臣服。不过，国王亨利二世与威尔士的关系则比较微妙，他发起的各种形式的征讨只是让威尔士的领主们臣服，而这些人却成功保留了自己的领地。在这种情况下，政体的改革势在必行，于是来自贵族下层的行政人员——郡守（sheriffs）成为基层的公职人员。与此同时，皇家巡回法官数量的增加让法院的重要性得到加强。1180年开始，巡回法官们与同样得到加强的威斯敏斯特财务法院（审计法院）通力合作，几乎每年都会往来于各个郡县。执掌最高法院的伊利（Ely）主教奈杰尔（Nigel）向亨利二世支付了一笔钱，成功为自己的私生子——也是后来《税务署对话录》（*Dialogus de Scaccario ou Dialogue sur l'Échiquier*）的作者理查·菲茨尼尔（Richard Fitz Nigel）谋得了司库官（trésorier）的职位。莱斯特（Leicester）第二代伯爵罗伯特·德·博蒙特（Robert de Beaumont）和理查·德·卢西（Richard de Luci）共同担任最高司法官，而国王亨利二世的挚友托马斯·贝克特（Thomas

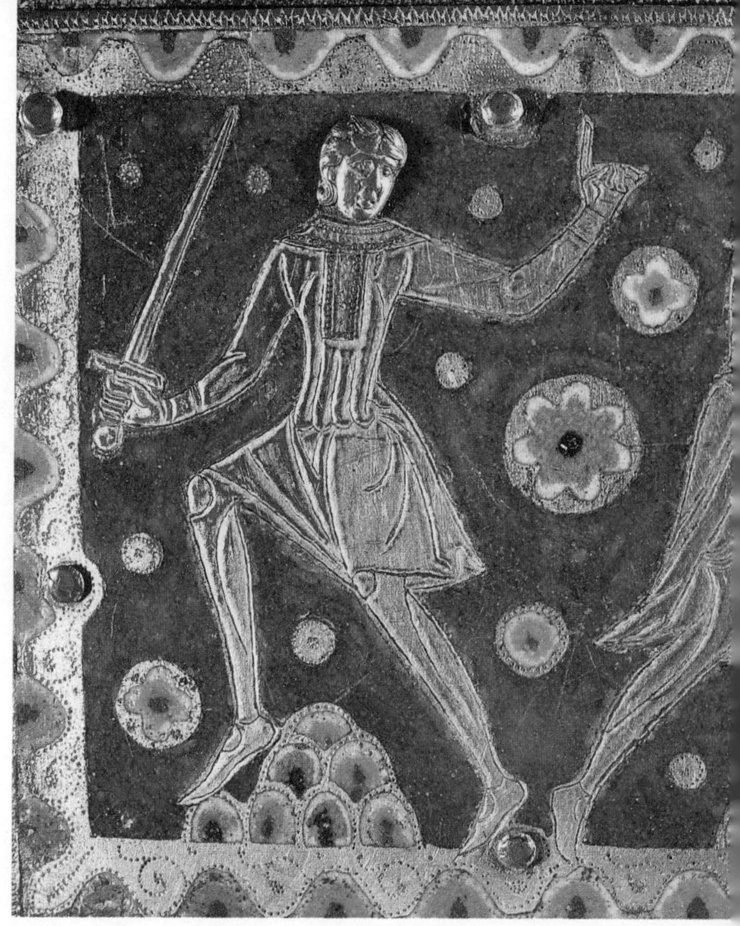

“红胡子”腓特烈

镀金铜质圣骨盒的外形为神圣罗马帝国皇帝腓特烈一世的半身像。该艺术品制作于 12 世纪下半叶，现藏于卡彭贝格（Cappenberg）福音传道者圣约翰教堂内。

Becket）则被任命为大法官。

亨利二世还发展了皇家法庭（benches），颁布各项法典让立法成为可能。例如，《克拉伦敦法典》（*Constitution de Clarendon*）令地方法庭得以管制抢劫行为，并提出了“陪审员”（juré）的概念——负责检察职能；诉讼过后，皇家法官们将被告送上法庭实施审判。1181 年颁布的《军队宪法》（*Constitution de l'armée*）重新恢复了民兵制度（fyrd），还有 1184 年的《森林宪法》（*Constitution de la forêt*）规定了热衷狩猎的国王对其广大领土（森林、牧场和旷野等）拥有专属权利。同时，1179 年颁布的《大听证会》（*la Grande audience*）使国王能够严格控制并极大地限制贵族们的权利。君主增加了皇家税收，尤其是兵役免除税（écuage，英语

scutage）——一种能让封臣免服兵役的税收。

亨利二世对欧洲大陆诺曼领地和迎娶阿基坦的埃莉诺获得的陪嫁领地也虎视眈眈。亨利二世善于利用自己与欧洲各大君主的亲戚关系——卡斯蒂利亚和西西里国王阿方索八世（Alphonse Ⅷ）是他的女婿，而英格兰与阿拉贡的关系也在他的统治期内得到巩固。同时，亨利二世也仿效此前历任阿基坦公爵的做法，尝试攻打图卢兹甚至萨伏依伯国，希望日后能将这片土地交给自己的儿子。

托马斯·贝克特之死

1162年，亨利二世推选好友、时任大法官的托马斯·贝克特继任贝克的西奥博尔德（Thibaut du Bec，英语 Theobald）的职位，即英格兰首席主教——坎特伯雷

托马斯·贝克特

圣骨盒的一部分（上图），描绘了1170年坎特伯雷大主教被英格兰国王的手下刺杀的场景。圣骨盒于1180—1190年在利摩日（Limoges）制作完成，盒体内部为木质，外部包裹铜合金，并装饰有彩釉镂雕和玻璃。现藏于伦敦维多利亚与阿尔伯特（Victoria and Albert，缩写为V&A）博物馆。

大主教。从表面上看来，这次任命是一场国王为了控制包括教会在内的各方权力而实施的战略部署。然而，在世俗法庭能否审判神职人员这个问题上经历了几次小摩擦之后，两人之间的矛盾变得不可调和。

国王亨利二世认为宗教审判和世俗审判有必要同时存在，而托马斯·贝克特则表示反对，认为如此便相当于对同一罪行进行双重审判，有违英格兰法律。随后，托马斯·贝克特询问教皇亚历山大三世（Alexandre Ⅲ）的意见，教皇认为如果偏袒大主教会招致国王的不满，因此迟迟没有答复。另外，亨利二世于1164年在克拉伦敦（Clarendon）召开宫廷会议并作出决定——犯罪的神职人员必须接受民法的制裁，所有与会人员都签署了这份文件，除了坚持认为教会应当游离于民法之外的大主教托马斯·贝克特。此后，矛盾愈演愈烈，国王亨利二世直接指责托马斯·贝克特侵犯皇家法庭的权威；而大主教托马斯·贝克特出于自身安全的考虑逃到了法兰西，并向教皇亚历山大三世求助。

1164年末，教皇亚历山大三世表达了对大主教的支持。后来，教皇亚历山大三世甚至表露出将国王亨利二世开除教籍的想法，颇为忌惮的国王因此缓和了态度。1170年7月，在弗雷特瓦勒（Fréteval）进行会谈后，两位老友（亨利二世和托马斯·贝克特）似乎冰释前嫌。但回到英格兰后，坎特伯雷大主教托马斯·贝克特很快又开始公开谴责国王亨利二世对教会权利的侵犯，此举让亨利二世十分震怒。据史料揭露，国王亨利二世当时就提出派遣骑士前往教堂刺杀大主教，而大主教托马斯·贝克特也确实于1170年12月29日被刺身亡。

然而，这件事带来的一切后果都对国王亨利二世不利。托马斯·贝克特被教廷视作殉教者，并追认为圣贤；他被刺杀的情景被绘制在多所欧洲教堂内。在英格兰，数千名朝圣者前往托马斯·贝克特殉难的教堂祭奠。面对政敌强大的影响力，亨利二世不得不屈服，并前往其棺木前认罪和忏悔。

“红胡子”腓特烈

康拉德三世去世时，霍亨斯陶芬和韦尔夫两大家族之间的矛盾加剧，导致神圣罗马帝国内部战乱频仍。在此背景下，由于康拉德三世之子依然年幼，帝国议会不得不做出一项重要决定。在皇位候选人中，处于最有利位置的是康拉德三世的哥哥士瓦本公爵腓特烈（腓特烈一世），他的母亲茱迪丝出身于韦尔夫家族。腓特烈一世[22]虽然被选为“罗马人民的国王”，但反对的声音仍然存在。就这样，腓特烈一世这位独一无二而又备受争议的人物登上了王位，而意大利人称他为“巴巴罗萨”（Il Barbarossa）——“红胡子”（Barberousse）。

腓特烈一世希望重新树立国王的威信，并在整个德意志领土谋求和平。但腓特烈一世的野心不止于此，他心中怀揣着一个宏伟的计划——神圣罗马帝国的重生。为了实现这个计划，腓特烈一世必须征服整个意大利，因为那里的中型城市已经非常发达且具有相当的实力，不会随便屈从于新德意志帝国。

腓特烈一世与许多人都起过冲突，尤其是出身传统豪族韦尔夫家族且拥有对抗君主实力的萨克森公爵“狮子”亨利（Henri le Lion）。为了抵抗腓特烈一世的进攻，“狮子”亨利通过迎娶亨利二世·金雀花的女儿玛蒂尔达（Mathilde d'Angleterre）与英格兰建立联盟。与此同时，“狮子”亨利也效忠于腓特烈一世掌权时期的历任教皇。在意大利，支持教皇的“归尔甫派”与亲霍亨斯陶芬王朝皇帝的“吉伯林派”之间的对立，成为此后数个世纪的主旋律。在近二十年的时间里，腓特烈一世向意大利发起了多次远征，对手主要是米兰及其盟友。为了在民众之间制造分裂，腓特烈一世向米兰周边的城市发布过好几次帝国制裁令。在腓特烈一世眼里，有了铁杆盟友热那亚和比萨的帮助，占领西西里轻而易举。然而，事实上，这些军事行动都未能展开，因为帝国的头等要事是让伦巴底联盟臣服。

为了展现团结，伦巴底联盟成员国于1167年4月重建了米兰，并在原有基础上大大扩展了城市面积。即便如此，腓特烈一世仍然于1174年再次翻越阿尔卑斯山，剑指伦巴底。1176年5月29日，南征的神圣罗马帝国军队在莱尼亚诺（Legnano）战役中遭遇重创，而伦巴底联盟依靠步兵、骑兵和设计精良的战车成功抵挡住了恐怖的德意志骑兵。此战过后，腓特烈一世的军队死伤大半，辎重、财物损失不计其数，而他本人也逃往帕维亚（Pavie）。不过，莱尼亚诺的失利并未让这位腓特烈一世皇帝一蹶不振，他于1181年8月30日教皇亚历山大三世去世后成功重启了自己的政治计划。随后，腓特烈一世在自家亲戚、熙笃会编年史家和历史学家

[22] 腓特烈一世于1152年被选为“罗马人民的国王”，后于1155年由教皇阿德里安四世（Adrian Ⅳ）加冕为神圣罗马帝国皇帝。——译者注

弗莱辛的奥托（Othon de Freising）的帮助下，重拾了建立“普世帝国”（Empire universel）的想法。弗莱辛的奥托是一位出身宫廷且才华横溢的作家，他成功说服腓特烈一世参加十字军东征，并以圣地为出发点征服东方，前往基督教国王祭司王约翰（Prêtre Jean）治下的神秘亚洲国度。

此时，腓特烈一世的表兄、主要敌人“狮子”亨利也表达了对骑士们“东进”（Drang nach Osten）的支持。“狮子”亨利一行人到达文德人[23]（Wendes）领地时获得了巨大成功，不仅用福音教化了当地的斯拉夫人，还在奥尔登堡（Oldenbourg）、梅克伦堡（Mecklenbourg）和拉策堡（Ratzebourg）强留下了三位主教进行传教。1184 年，不甘落后的腓特烈一世借给儿子亨利（后来的神圣罗马帝国皇帝和西西里国王亨利六世［Henri Ⅵ］）授爵的机会在美因茨举办了规模盛大的骑士节。庆祝活动期间，霍亨斯陶芬家族的文艺赞助人让人们了解了“恋歌”（Minnesänger，爱情歌曲）这种艺术形式，将宫廷爱情和普罗旺斯游吟诗人尊重女性的文化引入德意志。

宫廷与君主的形象

进入 12 世纪，宫廷——这个在欧洲建设中最为重要的政治机构开始形成，而宫廷的出现源于国王和君主们复兴传统文化的政治计划。在宫廷里，会集了一众思想家、作家和公共事务（res publica）理论家，孕育了王朝国家。正是在这样的背景下，萨尔兹伯利的约翰（Jean de Salisbury）名为《论政府原理》（*Policraticus*）的政治专著于 1159 年诞生了。时年 44 岁的作者萨尔兹伯利的约翰是一位流亡的英国教士，曾经是巴黎的彼得・阿伯拉尔（Pierre Abélard）和沙特尔的贝尔纳（Bernard de Chartres）的学生。为了与亨利二世达成和解，萨尔兹伯利的约翰将自己的作品交给了当时还是国王挚友的大法官托马斯・贝克特。通过大法官托马斯・贝克特之手，这本主要讲述建立宗教势力至上社会的书被转交到国王亨利二世手中。

为了增加可信度，萨尔兹伯利的约翰采用“君王之镜”（miroir des princes）这种文学形式，汇编了一系列给统治者的道德建议，并用拉丁作家的经典表述和

[23] 文德人，指 5 世纪以来分布在欧洲波罗的海东南岸和维斯瓦河、奥得河流域，以及隔易北河与日耳曼人相对的斯拉夫人部落。——译者注

宫廷爱情：阿基坦吟游诗人们的诗歌

宫廷爱情将爱慕之情描述成具有与荣耀近似的崇高价值，令在父权社会备受歧视的女性从中获得慰藉。根据历史文献和文学评注的记载，宫廷爱情诞生于阿基坦公爵普瓦捷的威廉九世（Guillaume Ⅸ de Poitiers，1086—1127）的宫廷，这位贵族后来因公然通奸而被逐出教会。

随十字军东征归来后，威廉九世变得更加充满激情，也更加感性。他开始写诗，并在作品中将爱人捧到了至高无上的地位，认为世俗之爱能够与神圣之爱一样崇高。威廉九世的孙女阿基坦的埃莉诺及女儿布卢瓦伯爵夫人香槟的玛丽（Marie de Champagne）将阿基坦、特鲁瓦（Troyes）和布卢瓦宫廷变成了诗歌的殿堂，其影响甚至扩展到英格兰和德意志。例如，特鲁瓦的克雷蒂安（Chrétien de Troyes）的作品《囚车骑士兰斯洛特》（*Lancelot ou le Che valier de la charr ette*）就是在香槟的玛丽的请求下完成的；腓力二世·奥古斯都宫廷里的安德烈（André le Chapelain）神父写下了名著《论爱情》（*De Amore*），书中探讨了如何迎来爱情、维持爱情和治愈情伤。

插图　《马内塞古抄本》（*Codex Manesse*）中的细密画，是吕迪格·马内塞（Rüdiger Manesse）和其子约翰内斯（Johannes）共同完成的抒情诗集。现藏于海德堡（Heidelberg）大学图书馆。

教会神父的教义来论证自己的观点。这部作品以伪普鲁塔克（pseudo-Plutarque，通过编造的普鲁塔克文章来表达自己的想法）或圣奥古斯都作为参考资料，以恺撒和罗马皇帝作为榜样进行论证，因此批评家们认为这部作品散发着一种混乱的古典主义气息。萨尔兹伯利的约翰是神权政治的坚定支持者，他甚至留下过这样的句子——“君主位列教士之下，他们应为教士服务”。在托马斯·贝克特与英格兰国王亨利二世的冲突爆发后，萨尔兹伯利的约翰顺理成章成为大法官幕后的得力助手，他也因此于1164年被亨利二世流放国外。1170年，萨尔兹伯利的约翰又回到英格兰继续辅佐托马斯·贝克特，但不久暗杀事件发生，失去保护伞的他这次不得不永久流亡海外。萨尔兹伯利的约翰最后的日子在沙特尔担任主教，并为自己的好友兼政治上的庇护者托马斯·贝克特撰写传记。

欧洲的边界

12世纪，随着王朝国家政权慢慢巩固，其疆域也逐渐扩展至欧洲的边界。在欧洲西部，亨利二世·金雀花对威尔士和爱尔兰奉行的侵略政策遭到了当地凯尔特人的强烈反抗，而两片领土之间依靠传统文学和语言搭建的关系与英格兰国王口中的关系完全不同。同样，在大不列颠岛（Grande-Bretagne）北部的苏格兰边境，英格兰采取的高压政策也在接下来的几个世纪里造成该地区纷争不断。在斯堪的纳维亚半岛，11世纪形成的北海帝国[24]（1035年去世的克努特大帝建立的帝国）解体后，“该地区陷入了持续的危机之中”——不来梅的亚当（Adam de Brême）在其编年史中如是描述。

12世纪30年代，丹麦获得教会独立，并在基督教世界赢得了重要的地位。当时，贵族社会也经历了以欧洲为模板的转型，这一点在武器使用方面尤为突出。1134年7月4日，一队重骑兵在斯堪尼亚（Scanie）的福特维克湾（Fotevik）击溃了传统的维京皇家亲卫队，在当地造成了不小的危机。事件的直接后果是，丹麦的王朝得到巩固，并在克努特·拉瓦德（Canut Lavard）之子瓦尔德马一世大帝（Valdemar Ier le Grand）的统治下达到巅峰。

[24] 北海帝国，英语North SeaEmpire，11世纪时维京人克努特大帝先后征服丹麦、挪威、英格兰以及苏格兰和瑞典部分地区后建立的统一王国，有时也称盎格鲁-斯堪的纳维亚帝国（英语Anglo-Scandinavian Empire）。——译者注

由于维京传统根深蒂固，挪威的形势就不那么明朗了。在这片土地上，建立一个以基督教为基础的王朝国家引发了一场真正的内战[25]。反对势力主要由地主组成，他们是藏匿在树林中靠抢劫为生的装备简陋的桦树皮鞋党（Birkebeiner）——“腿上有桦树皮的男人”（hommes aux jambes en écorce de bouleau）。在国王身边，官员和游吟诗人们对宫廷文化的发展以及国王形象的宣传起到了推动作用，而国王在对抗维京传统的过程中尤为重要。

瑞典的基督教化过程更为艰难，其中卢恩石刻铭文的记载一直延续到 12 世纪中期。最重要的改变是

[25] 指挪威牧杖党（Baglar，由贵族和教士组成）与桦树皮鞋党（地主）之间的内战，始于 1130 年。——译者注

不伦瑞克宫广场

12 世纪，德意志最强大的君主“狮子”亨利定都不伦瑞克（Brunswick，又译布伦瑞克），并按照家族族徽上的狮子图案在丹克沃德罗德（Dankwarderode）城堡的院子里竖立了铜像。

插图 重建后的城堡和仿制的狮子像——不伦瑞克狮(Burglöwe)。其中，右侧为“狮子”亨利所建教堂的交叉甬道，他与妻子英格兰的玛蒂尔达均葬于此。

通过基辅罗斯（Russie）的瓦良格人（Varègues）与穆斯林世界建立的联系被切断，其原因有三：一是突厥人（Turque）的不断推进；二是基辅罗斯各公国的不断发展；三是基督教在瑞典的渗透。1153 年，在林雪平（Linkönping）主教会议期间，教皇特使尼古拉斯 · 布雷克斯皮尔（Nicholas Breakspear）——后来的教皇阿德里安四世（Adrien Ⅳ），为日后建立与西欧教堂类似的瑞典教堂打下了基础。

在斯拉夫世界，东部边境地区的情况变得前所未有的复杂，部分原因是皮雅斯特（Piast）王朝统治下的文德人、普鲁士人（Prussiens）、立陶宛人（Lituaniens）、德意志人、罗斯人和波兰人之间冲突不断。德意志君主“狮子”亨利的扩张政策，尤其是吕贝克城（Lübeck）的建立加剧了这种混乱的局面：这座城市成为汉萨同盟从波罗的海到大湖地区[26]（Grands Lacs）间的贸易中转站，也成为向斯拉夫人领地发起进攻时的后勤枢纽。在捷克，普热米斯尔（Premyslides）家族在波希米亚（Bohême）并入神圣罗马帝国以及摆脱摩拉维亚（Moravie）的政治束缚之后，巩固了其统治下的王朝国家。波希米亚公爵 / 国王不仅出席神圣罗马帝国议会，也参加“罗马人民的国王”的选举，并于 1144 年获封世袭官爵司酒官（échanson）。那个时期，布拉格大教堂主教科斯马斯（Cosmas）这样有影响力的人物出现了，他所著的《波希米亚人编年史》（*Chronique des Bohémiens*）为其赢得了“捷克希罗多德”的称号。

克罗地亚的命运则比较悲惨，它的独立只是昙花一现。在德米塔尔 · 兹沃尼米尔（Dmitar Zvonimir）成功摆脱拜占庭的统治并臣服教廷之后，克罗地亚王国很快就再一次被吞并。12 世纪初，匈牙利君主卡尔曼（Coloman）加冕克罗地亚和达尔马提亚（Dalmatie）国王。不过，克罗地亚和达尔马提亚这两地虽然拥有独立王国地位，但它们在此后的八百年中一直依附于匈牙利王室。纵观整个 12 世纪，匈牙利统治者在拜占庭、神圣罗马帝国和教廷之间巧妙奉行平衡政治，并将本国的影响力扩张至特兰西瓦尼亚（Transylvanie）和塞尔维亚。然而，由于受制于贵族权力的不断增强，匈牙利始终没能成为一个发展稳固的国家。

[26] 大湖地区，指环绕非洲维多利亚湖、坦噶尼喀湖和基伍湖等湖泊的周边地区和邻近地区，位于非洲中部。——译者注

卢恩石刻：维京基督徒与寻找圣杯的德鲁伊

斯堪的纳维亚（Scandinavie）半岛上的凯尔特人将文字作为一种图形、文学和仪式艺术来使用，而维京人则将“异端”宗教、基督神话和泛灵论的寓言等内容雕刻在石头上。自 4 世纪凯尔特人的宝石雕琢开始，石刻书法逐渐向雕刻艺术过渡。大部分非墓葬卢恩石刻（Pierres runiques）可以追溯到维京时代，并可以确认都完成于 7 世纪之后。

卢恩石刻的历史一直延续到12世纪。其中，最早的石刻是国王哈拉尔一世（Harald Ier）的墓碑，他一生征服了丹麦和挪威，并在丹麦传播了基督福音。瑞典发现的石刻只有一半简略提及基督教内容，而其他地方的石刻则大多以基督教为主题。卢恩石刻展现出维京社会特有的雕刻风格，相关作品在从事海盗和掠夺的部落中数量尤其多，而从叙利亚、坎塔布里亚海或不列颠群岛的远征中带回的大量战利品是他们创作灵感的来源。与此同时，大不列颠岛（英伦三岛）的凯尔特人将其文化中的精灵转化为圣人和天使，并将魔鬼之子——德鲁伊[27]（druide）梅林（Merlin）描述成圆桌会议（Table ronde）的发起人之一，由此骑士们开启了寻找圣杯（Graal）之旅。

插图 瑞典舒汉姆（Sjonhems）教堂的卢恩石刻。

[27] 德鲁伊，指凯尔特文化中的祭司。——译者注

伊比利亚半岛

随着穆瓦希德王朝（Almohades）军的到来，欧洲西南边界伊比利亚半岛的形势发生了变化。这个穆斯林王朝是由高阿特拉斯山脉（HautAtlas）的柏柏尔人（Berbère）建立，王朝首都建在瓜达尔基维尔河（Guadalquivir）河谷沿岸的塞维利亚（Séville），境内拥有不少重要的战略资源，如黄金、美利奴羊毛（mérinos）以及撒哈拉沙漠南部渔场的渔业资源。

伊比利亚半岛上的五个王国（葡萄牙、莱昂、卡斯蒂利亚、纳瓦拉［Nava］和阿拉贡）支持针对穆瓦希德王朝的战争，确定了它们之间关系的走向。这些基督教国王们的中心目标是从穆斯林手中夺取战略要地昆卡（Cuenca）。卡斯蒂利亚国王阿方索八世（Alphonse Ⅷ）在夺城行动中表现得尤为出众，这一成就也要感谢他的表兄阿拉贡国王阿方索二世（Alphonse Ⅱ d'Aragon）的帮助。这项行动的成功被视为基督徒对抗异教徒的重大胜利。阿方索八世之妻英格兰的埃莉诺（Aliénor d'Angleterre）是强大的统治者亨利二世·金雀花和阿基坦的埃莉诺的女儿，这种关系更是让他名扬天下。

在新组建的西班牙军事组织圣雅各骑士团和卡拉特拉瓦（Calatrava）骑士团的帮助下，卡斯蒂利亚军攻占了源于伊比利亚半岛南部并从加的斯（Cadix）注入海洋的瓜地亚纳河（Guadiana）河谷。正是有了友军的支持，阿拉贡国王阿方索二世得以向埃布罗河（Èbre）下游和阿尔法布拉（Alfambra）地区进军，并为日后攻打半岛东部做准备。

基督教国家新的边界由此形成，而卡斯蒂利亚和阿拉贡王国内部的人口也逐渐被吸引到新占领地区。因此，卡斯蒂利亚和阿拉贡王国将新增长的人口迁徙（exportèrent）到新攻占地区，使得新攻占地区的人口不断增加。与此同时，卡斯蒂利亚和阿拉贡王国借此机会还建立了包括“公开议会”在内的特殊制度，与通过军队组织建立的市政议会制度形成鲜明对比。这样的结构导致这些地方在历史上不断产生自由村镇、议会和骑士团团长之间的纷争，而西班牙文学黄金时代（1556—1665 年）的很多作品都是以此为主题。

当时，为扩大领土而爆发的战争让人们回想起几个世纪前流行的古老神话文

学，那些作品中描写的情景与其非常类似。例如，根据神话故事描述，11 世纪的卡斯蒂利亚王国版图延伸至杜罗河（Duro）以南的塔霍河一带。历史似乎再次重演，当跨越瓜地亚纳河河谷和瓜达尔基维尔河河谷时，国王们重拾领土扩张的政策也似乎正当时，并得到了如奥斯马（Osma）主教和托莱多（Tolède）大主教罗德里戈·希门尼斯·德·拉达（Rod-rigo Jiménez de Rada）这样颇具影响力的人士支持。

《熙德之歌》（*Cantar de mío Cid*）是诗人从阿方索八世对阿拉尔孔（Alarcón）堡垒的远征以及将穆瓦希德王朝的势力逐出伊比利亚半岛发起的一次次战役中获得灵感创作的，这部伟大的骑士文学史诗讲述了 11 世纪英雄德里戈·迪亚兹·德·维瓦尔（Rodrigo Díaz de

征服者的扩张

爱尔兰米斯（Meath）公国的特里姆（Trim）城堡始建于 12 世纪，由诺曼贵族——英格兰北部的主要领主莱西的于格（Hugues de Lacy）下令修建。当时，亨利二世曾将控制新攻占的爱尔兰领土的任务托付给莱西的于格。

圣雅各之路与中世纪朝圣者

使徒圣雅各（Saint-Jacques）崇拜起源于9—10世纪，但关于他在加利西亚（Galice）布道的传说最早出现在8世纪列瓦纳的贝阿图斯（Beatus de Liébana）所著的《伊比利亚传统启示录评注》（*Commentaires de l'Apocalyp*）中。

据传，圣徒的遗骨通过神迹回到伊比利亚半岛。教堂建造于9—12世纪，选址在圣骨的埋葬地（圣地亚哥-德孔波斯特拉），后来历经数次改建。来自欧洲的朝圣者只需仰望星空并跟随星光的指引就可以到达埋骨之地，而各地的朝圣之路上都可见宗教协会开设的招待所、小教堂和驿站。

插图 圣地亚哥-德孔波斯特拉（Saint-Jacques-de-Compostelle，又名圣雅各大教堂）大教堂主祭坛下的使徒墓。

荣耀门廊（第124—125页）

圣地亚哥-德孔波斯特拉大教堂西外墙详图，马特奥（Mateo）大师于1168—1188年完成。其中，右侧可见教堂主保（Majeur，意为守护圣人）圣徒雅各坐在中梃上的雕像，左侧是先知耶利米（Jérémie）、但以理（Daniel，微笑者）、以赛亚（Isaïe）和摩西（Moïse）。

Vivar，人称熙德［Cid］）的生平。与这部早期的卡斯蒂利亚文学作品同时代的，还有包括贡萨洛·德·贝尔索（Gonzalo de Berceo）在内的一些四行体（cuaderna vía）——一种非常规范的诗歌，每一段由四行亚历山大体诗句组成）——诗人的作品。《熙德之歌》的主人公是一位遭流放的贵族（infanzón，西班牙语）——被迫背井离乡去边境当雇佣兵，故事完美地展现了中世纪社会的关切，并讲述了阿方索八世在南征过程中麾下数百名骑士的经历。

❶ **图尔之路** 这条经过巴黎和图尔（Tours）的路线起始于北方：皮卡第（Picardie）、蓬蒂约（Ponthieu）、法兰德斯、埃诺（Hainaut）、荷兰（Pays-Bas，意为低地国家），总长1460公里。德意志朝圣者也会选择这条路线。

❷ **利摩日之路** 这条线路的名称来自它途经的城市利摩日（Limoges）。由于此路线的朝圣者会合点在韦兹莱的圣玛利亚·马德莱娜隐修院，所以也叫“韦兹莱之路”。经过布尔日和沙托鲁（Châteauroux）后，路线向奥斯塔巴特（Ostabat，属阿基坦）延伸。

❸ **勒皮之路** 这条全长1530公里的路线名称“勒皮之路”（voieduPuy）来源于途经的城市勒皮（Puy-en-Velay），是由原来的日内瓦演变而来。最后，所有分支汇聚在比利牛斯山（Pyrénée）的奥斯塔巴特。

❹ **图卢兹之路** 这条路线也叫“阿尔勒之路”，它经过图卢兹和阿尔勒两座重要城市，始于蒙特热内夫尔（Montgenèvre，属南阿尔卑斯）和芒通（Menton，属滨海阿尔卑斯）。

❺ **西班牙境内路线** 朝圣者们选择最多的是北方经过赫罗纳（Gérone）、阿拉贡的伊伦—里瓦德奥（Irún-Ribadeo）路线；经过加的斯—梅里达（Mérida）—萨莫拉（Zamora）的拉普拉塔（la Plata）路线；经过巴伦西亚（Valence）—萨莫拉—奥伦塞（Orense）的莱万特（Levant）路线；和经过格拉纳达（Grenade）—梅里达—阿斯托尔加（Astorga）的“莫扎拉布之路”（le chemin mozarabe）。

这部虚构作品所讲述的事件十分戏剧化，与被征服地区人民长期处于道德冲突的社会完美契合。其中，熙德女儿们的婚礼以及后来被卡里翁（Carrión）伯爵之子侮辱的情节，很好地揭示了土地征服给卡斯蒂利亚社会带来分歧的本质：冲突的双方，一方是有权无钱的高阶贵族，另一方是在社会中无甚特权但因参与战争而收入不菲的新贵族，而其理念也与议会制的社会相近。在接下来几个世纪的历史中，两类贵族之间的道德冲突在卡斯蒂利亚王族中持续存在。

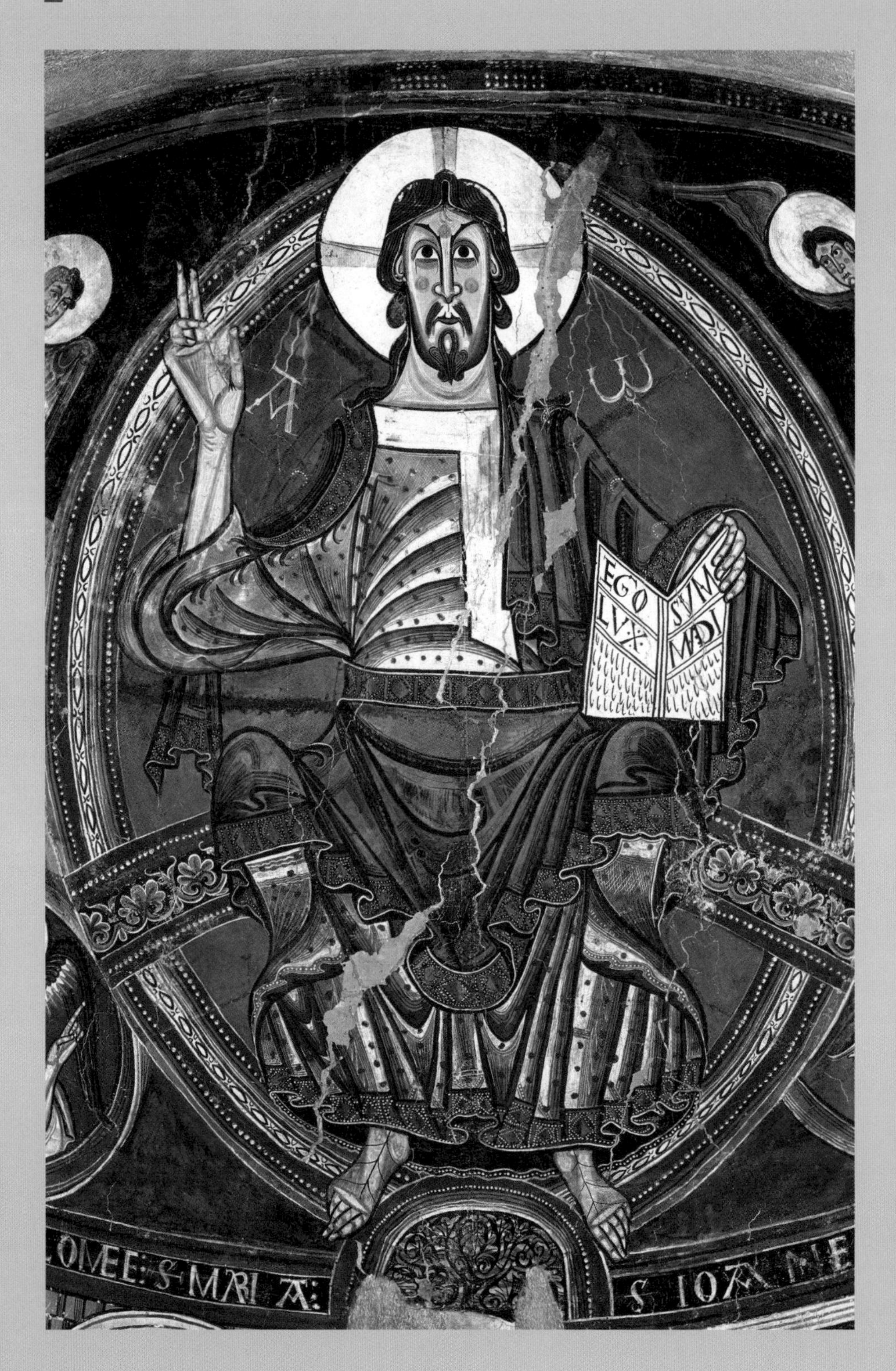
EGO SVM
LVX MVDI

档案：罗马艺术的诞生

罗马风格[28]是基督教世界诞生的第一个伟大的艺术风格，不仅在建筑方面被大量采用，也在欧洲的视觉艺术领域占有重要地位。

在两次世界大战（第一次世界大战和第二次世界大战）之间，这种早于哥特式艺术出现并被专家们称为“罗马艺术”（roman）的艺术形式，引起了人们的广泛兴趣。多年来，在翻新的教堂墙壁下以及哥特式、巴洛克式（baroque）或新古典主义（néoclassique）建筑的粉刷层后面，人们发现了一些柱头和壁画，它们与拥有拱形穹顶、交叉拱顶、拱门、厚墙、窄窗、坚固的扶壁和半圆形后殿的石头建筑相得益彰。

拱穹、弧线与中殿

在罗马式建筑的诸多特征中，作为中世纪建筑最重要成就的拱顶收获了研究者们最多的关注。相比于简单的水平屋顶或木质额枋，弧形设计能构造更大的空间；中殿也可以采用更长、更宽的设计，且毫不突兀。为了保证整体比例的协调，建筑的高度也同样增加。如此，沿墙壁的起弧高度也相应增加，而用砖石垒砌的肋式交叉结构让拱门显得更加优雅。

中殿比侧堂高。侧堂屋顶由外部墙体支撑，同时也为中殿的拱顶提供支撑。对于同样采用拱顶的侧堂，肋式拱承载了一半向内的重量，抵消了中央拱顶施加给中殿最薄弱处的外部压力。侧堂一般分为两三层，最上层建有走廊，第二层装饰有三门式拱廊——朝向中殿的拱形空间通常由两根柱子隔开，形成三门的效果。

陶尔（Trüll）的上帝像（左图） 罗马时期，此类描绘上帝的画作非常普遍。现藏于巴塞罗那加泰罗尼亚国家艺术博物馆。

[28] 罗马风格，又称为罗曼风格，特指中世纪时流行的古罗马艺术风格——欧洲从加洛林王朝后期的9世纪开始至12世纪左右流行的艺术风格。为了与罗马时代的艺术风格区分，人们又将中世纪模仿罗马时代的艺术风格称为“罗曼风格”。——译者注

远离尘嚣的隐修之所

12世纪，隐修者的数量急剧增加。这些独立于任何机构之外的人群渴望能与上帝面对面对话，尝试像耶稣一样在大自然中忍受饥饿的生活，在沙漠中与撒旦做斗争。这种远离尘嚣、每日独自祈祷的隐居生活，也为13世纪初托钵修会、道明会和方济各会的出现打下基础。在这种背景下，一种低调的、以小教堂为代表的农村建筑模式开始出现。这类教堂由单一的主殿和半圆形后殿组成，没有任何装饰，建造地点也都非常偏僻。大多数小教堂建于12世纪和13世纪，也有少量可追溯到14世纪。

插图 位于奥弗涅（Auvergne）勒皮地区附近的艾古力圣弥额尔（Saint-Michel d'Aiguilhe）礼拜堂。这座14世纪建造的教堂地处85米高的火山岩层上，通过在岩层上开凿的268级阶梯可通往教堂。

专家们的发现在文化界引起了不小的震动。在此之前，对那个时代的了解还是透过数以千计的书籍和文字资料，而如今一切都不同了。正如鲁道夫·奥托（Rudolf Otto）所说，对该艺术的认知能让人们更好地理解圣物的价值。很快，人们就将罗马式艺术与其他具有同等文化影响力的艺术风格进行比较。例如，安德烈·马尔罗（André Malraux）就以此创作了《沉默的声音》（*Voix du silence*），虽然部分观点还存在争议，但此书还是为罗马式艺术的研究另辟蹊径。

罗马式艺术建筑散落各处

9—13世纪，许多罗马式的教堂、修道院和主教座堂在欧洲拔地而起，这些构造简单但十分坚固的建筑依赖于结构上的平衡。直到今天，在巴伐利亚、蒂罗尔（Tyrol）、意大利北部、比利牛斯山，甚至那些人迹罕至的山谷中，我们仍然能够欣赏到一些当年残留的遗迹。有些教堂建立在领主出让的土地上，其管辖权仍保留在领主手中。这些教堂有时也会收到来自隐修会的帮助，包括法兰西和西班牙的克吕尼修会、德意志的希尔绍（Hirsau）修会等，而部分教堂后来甚至成了朝圣地。

1000年前后，随着各地语言的发展，民族情绪不断高涨，而这些教堂选址的特点也顺应了这一趋势。例如，位于希尔德斯海姆

（Hildesheim）的圣米迦勒（Saint-Michel）教堂就是一座德意志下萨克森式建筑，而位于夫罗米斯塔（Frómista）的圣马丁（Saint-Martin-de-Tours）教堂则采用法兰西常见的样式。事实上，罗马式艺术的分布可划分为三个区域：覆盖德意志、法兰西北部、诺曼底、法兰德斯和英格兰的北方文化圈，勃艮第和克吕尼修会文化圈，地中海文化圈。

德意志教堂的特征

在德意志，希尔绍修道院的影响力之大丝毫不逊于莱茵河对岸的克吕尼修道院，如在巴伐利亚、威斯特法伦（Westphalie）、下萨克森、上莱茵、下莱茵、阿尔萨斯（Alsace）和奥地利等地都可以找到其留下的痕迹。此外，还有一些依照当地传统建造的罗马式教堂。例如，下萨克森地区希尔德斯海姆的圣哥达（Saint-Gothard）教堂、哈尔伯施塔特大教堂（Notre-Dame de Halberstadt），以及吕贝克和希尔德斯海姆的其他教堂，毫无疑问地受到奥托王朝[29]（Ottonien）艺术风格的影响。威斯特法伦地区教堂（如帕德博恩［Paderborn］的圣巴泰勒米［Saint-Barthélemy］教堂、苏斯特［Soest］的圣帕特洛克罗斯［Saint-Patrocle］教堂）的风格受当地传统影响更深。

位于德意志的罗马式教堂的主要特征体现在双主祭坛区、双偏祭台和双耳堂。教堂的东侧一般预留给教士使用，而被设计者赋予更多功能的西侧安放有祭坛。这座源于加洛林王朝[30]艺术的祭坛，象征大天使圣米迦勒（Saint Michel）的点将台：恶魔的威胁来自西方，圣米迦勒保护下皇帝的都城也在西方。教廷的改革派认为，依照格列高利七世的教义，教堂的西侧区域的功能已过时，应该被去除。

这场冲突导致了罗马式大教堂在施派尔、沃尔姆斯（Worms）和美因茨等德意志城市的扩张。到了12世纪，施派尔大教堂在原奥托王朝艺术建筑的残垣断壁基础上得以重建。教堂由东、西两个主体构成，耳堂交叉甬道上的塔楼、四周的小塔楼和祭坛区周围的小走廊将建筑原本的笨拙感转化为勃勃生机。

---

[29] 奥托王朝，又称萨克森王朝（919—1024年），是神圣罗马帝国历史上的第一个王朝，因第一位国王奥托一世而得名。奥托王朝家族名是鲁道夫家族，其家族统治的核心地区在萨克森地区。——译者注

[30] 加洛林王朝，法兰克王国的第二个王朝（751—987年），经历了法兰克王国时期以及东法兰克王国、西法兰克王国和中法兰克王国时期。——译者注

施派尔大教堂的建造，历经康拉德二世、亨利三世和亨利四世三位萨利安王朝皇帝的统治期。最早的施派尔教堂没有任何雕塑，与沃尔姆斯和美因茨教堂的风格大相径庭。沃尔姆斯和美因茨教堂在建造之初配有一些动物雕像，直到 1200 年人们才在此基础上增加了大量人物雕像，如展现了狮子窝中的但以理（Daniel）、与狮子搏斗的力士参孙（Samson），以及被野兽吞噬的恶人等场景。渐渐地，罗马式艺术的这种设计传播到了帝国各地：在弗赖辛的地穴中可以看到奥丁（Odin）和巨狼芬里尔（Fenris）的形象，在雷根斯堡（Ratisbonne）的圣雅各修道院中的雕塑则展现了各种人兽战斗的场景，以及参照维也纳、申格拉本（Schöngrabern）和苏黎世（Zurich）主教座堂的大主教们设计的人物形象。

诺曼式融合风格

日耳曼风格也影响了法兰西北部。虽然巴黎周边地区仍然保持着自己的特点，但诺曼底地区却乐于接受这种外来风格并将它与本地建筑相融合，如瑞米耶日（Jumièges）修道院就是这种综合风格的完美体现。在卡昂，“征服者”威廉（威廉一世）自筹资金建造了圣斯德望（Saint-Étienne）教堂，也称为“男子修道院”（abbaye aux Hommes）；他的妻子法兰德斯的玛蒂尔达（Mathilde de Flandre）也出资同样建造了一座圣三（Trinité）修道院，取名为“女子修道院”（abbaye aux Dames）。随后，这种风格也传到了法兰德斯，并用于建造宏伟的图尔奈（Tournai）的圣母主教座堂。

罗马式艺术在英格兰

黑斯廷斯战役之后，诺曼式建筑风格在罗马式风格的基础上发展起来并流传到英伦。与欧洲大陆风格稍有区别，诺曼式建筑门上仍是半圆拱，两边有加厚的侧柱支撑。尽管屋顶配备的是木质门窗，墙壁依然彰显出壮观的气势；当拱顶是石头建筑时，墙壁的总厚度为 2.5~3 米。也许是气候的缘故，建筑外部很少装饰雕像，只有柱头经过简单雕琢。尽管背负着重要的历史意义，但罗马式艺术风格的建筑如今在英格兰却少有存留。到了 13 世纪，教堂的建筑风格逐渐向哥特式过渡，拱门和拱顶的规模也越来越大，只能从整体外观上看出罗马艺术的影子。

1067年，坎特伯雷大教堂在一场大火中毁于一旦，后大主教兰弗朗克（Lanfranc）按照卡昂男子修道院（圣斯德望教堂）的样式对其进行了重建。如今，除了1170年托马斯・贝克特遇害地附近的残垣断壁，几乎看不到旧教堂的任何残留。1075年建造的约克大教堂原是诺曼风格，后于1291年被改建成哥特式建筑；1185年被地震摧毁的林肯大教堂在重建时也采用了哥特式风格。在12世纪末的威斯敏斯特，主教沃克林（Walkelin）为接待前来朝拜圣斯威辛（Saint Swithun，12世纪的一位主教）墓的朝圣者修建了诺曼风格教堂，时至今日人们仍可欣赏到这座诺曼风格建筑的主殿和地穴。英格兰仅存的诺曼风格教堂是12世纪建造的达勒姆（Durham）主教座堂，它也是欧洲最重要的诺曼风格建筑。达勒姆大教堂高大的中殿两边坚固且未经雕琢的柱头支撑起了一排弧形拱，展现了两个重要的创新元素——用于分散压力并与拱顶的脊连接的肋架和横向拱构成尖顶，对角线方向上的肋架交于拱顶最高处。1175年，主教帕齐（Pudsey）在达勒姆教堂西侧采用半圆拱和细柱建造了前廊，后将此类空间称为"加利利"（galilée）——源于拉丁语galilaea，意为内院或回廊。

勃艮第流派

说到受勃艮第流派和克吕尼修道院影响的地区，最有代表性的是朗格勒、欧坦和韦兹莱。韦兹莱教堂后来成了一处朝圣地，克莱尔沃的伯纳德正是在这里召集了法兰西国王路易七世和神圣罗马帝国国王康拉德三世并发起了第二次十字军东征。这一时期最具代表性的建筑无疑是克吕尼修道院。这座克吕尼修会主教堂的建造分为三个阶段，其西殿于1120年建成，而整体完工要推迟到1130年；教堂规模巨大，四周环绕着数个礼拜堂，可惜在法国大革命时被拆毁了。

最初的建造者们将这座罗马式教堂设计成宏大的圣骨盒存放和安葬地，同时也能够接待朝圣者并举行规模盛大的宗教仪式。教堂拥有三座或五座（甚至更多）中殿，数量不等的耳堂，而中殿与耳堂交会处的塔楼、装饰门廊的众多雕像向朝圣者展示了"末日审判"的恐怖和上帝选民的福祉。这种装饰模式在南方非常受欢迎，此前那些地方教堂墙壁上只有些简单的石板凿刻。采用同样风格建造的教

罗马建筑的构成元素

圣雅格朝圣路上常见的罗马式建筑是罗马遗产和中世纪各种潮流的综合体现。罗马式建筑的特点是采用拱腹为半圆形的拱门、分块拱环纵向排列形成的筒形拱顶，以及基于伦巴第带（bandes lombardes，又译伦巴第装饰带，由竖直的壁柱和连接柱头的盲拱构成）的外部装饰。

插图　右图，位于卡斯蒂利亚-莱昂地区夫罗米斯塔市的圣马丁教堂。下图，位于法国孔克村（Conques）的圣斐德斯（Sainte-Foy）教堂内景。

堂还有阿基坦、卡奥尔（Cahors）、昂古莱姆（Angoulême）的圆顶大教堂，如圣殿般的普瓦捷圣母大教堂（Notre-Dame-la-Grande），还有朝圣之路沿线拥有大型长廊的教堂，包括图卢兹的圣塞宁（Saint-Sernin）圣殿、孔克的圣佛依（Sainte-Foy de Conques）教堂、穆瓦萨克的圣彼得（Saint-Pierre de Moissac）教堂，以及公认拥有欧洲最美雕塑（在荣耀门廊内）的圣地亚哥-德孔波斯特拉大教堂。

地中海地区

意大利、法国南部和西班牙西北部等地中海沿岸地区几乎全盘接受了罗马式艺术，最明显的例子就是阿尔勒的圣托菲姆

❶ **半圆拱门** 门、窗和柱廊上方为拱形，由未切割的石头、砖头或土坯垒砌。

❷ **扶壁** 坚固的扶壁建在墙壁之外，作横向支撑并平衡圆顶和拱的挤压力。

❸ **柱形体** 罗马式塔楼平面呈多边形，圆柱体被用来装饰内外墙和窗台。

❹ **八边形穹顶** 穹顶为正殿提供照明，不是圆柱形，而是棱镜状多边形，通常底面为八边形。

❺ **筒形拱顶** 屋顶呈半圆柱形结构，构成屋顶的八个面，并以一定的角度拼接。

❻ **十字形状平面** 十字形的竖直方向依次排列着前廊、主祭坛和后殿，而十字形的横向部分（耳堂）比纵向部分短25%。

（Saint-Trophime）教堂和法国加尔省的圣吉勒教堂富丽堂皇的大门。一些小教堂有时也能展现出古代神庙的风貌，如位于塔拉斯孔（Tarascon）附近、矗立在葡萄和橄榄树田间赭石色土地上的圣加百列（Saint-Gabriel）教堂。佛罗伦萨的圣米尼亚托（San Miniato）大殿是 12 世纪罗马式建筑的瑰宝，它同样也展现出了普罗旺斯地区教堂的古典简约。

1152 年前后，罗马式艺术在意大利达到顶峰，当时的建筑师迪奥提撒威（Deustesalvet）被委任在建于半个世纪前的比萨大教堂对面建造一座洗礼堂。迪奥提撒威设计了一个圆形平面，建筑墙面采用大理石，盲拱廊装饰，四周柱廊排列，但是锥形顶饰破坏了完美的穹顶。1172 年，博南诺 · 皮萨诺（Bonanno

雕塑与装饰

罗马式雕塑将对来世的美好憧憬与怪物和恐怖的境界相结合，展现的形象来源于凯尔特人、日耳曼人、科普特人（Coptes）、亚美尼亚人和叙利亚人文化。不伦瑞克狮就是德意志人民最喜欢的形象，因为它不仅是萨克森公爵和“红胡子”腓特烈（腓特烈一世）的宿敌“狮子”亨利的象征，还代表了部分“蛮族”传统文化。几何图案和结状装饰也是长期从传统中汲取灵感而来，带结饰的柱子在教堂也十分常见。凯尔西（Quercy）省苏亚克的圣玛利亚（Sainte-Marie de Souillac）修道院大门中柱是最成功的罗马式雕塑之一，而整幅雕塑可视为宗教信仰的表达。门楣中心描绘的是基督圣像的一种表现形式——拥有最后审判权的全能神基督，周围环绕着基督教的象征符号。加尔唐普河畔圣萨万（Saint-Savin-sur-Gartempe）修道院中的壁画描绘“世界末日”（Apocalypse）景象，而圣吉勒（Saint-Gilles de Montoire）教堂祭坛上以及圣克雷芒（Sant Climent de Taüll）教堂后殿的基督圣像都传达出了同样的信息。罗马艺术时期的圣母崇拜也蓬勃发展，各地出现了众多描绘智慧圣母、圣母子或庄严圣母的绘画艺术品。同时，雕塑中也存在不少暴力元素，尤其是圣徒们受害以及审判后的“世界末日”景象。

插图　苏亚克修道院大门装饰细节图，最漂亮的罗马风格艺术品之一。

罗马式回廊 花园内通常留有一片象征伊甸园的菜园和一个中央喷泉，四周环绕着一条拱廊。当时，柱首和拱门的装饰都由最优秀的雕塑家完成。

上图 普罗旺斯地区艾克斯（Aix-en-Provence）大教堂的回廊。

Pisano）和因斯布鲁克的威廉（Guillaume d'Innsbruck）在大教堂后方竖立起一座钟楼，也就是著名的比萨斜塔。钟楼的正面采用与大教堂相同的设计风格，外围罗马式的门廊层叠排列，同时钟被悬挂在第八层楼。不过，修建至第三层时，钟楼由于地基过浅开始向东南倾斜。为了修正倾斜，建筑师们在接下来的搭建中尝试将上层向北倾斜，以补偿已经发生的重心偏离，但最终未能成功。

这篇简短的概述展示了罗马式艺术是如何在长达三个多世纪的时间内主宰欧洲，并流行于挪威和意大利之间的广大地区。虽然各地区仍保有自己的特色，但罗马式艺术还是构成了最早的欧洲风格。

从法兰西南部到罗斯

卡斯泰尔诺-拉沙佩勒（Castelnaud-la-Chapelle）最古老的城堡，在阿尔比（Albigeoise）十字军东征期间被西蒙·德·蒙福尔（Simon de Montfort）摧毁。

插图（右侧）“红胡子”腓特烈（腓特烈一世）送给弗拉基米尔·苏兹达尔（Vladimir-Souzdal）公爵安德烈·博戈柳布斯基（Andreï Bogolioubski）的装饰牌，现藏于巴黎卢浮宫博物馆。

基督教国家的边界

从腓力二世·奥古斯都登上法兰西王位到神圣罗马帝国皇帝腓特烈二世去世的那段时期，基督教国家的版图面积扩张至巅峰。虽然因宗教分裂导致了内战，但基督徒们还是成功巩固了对新征服领土的统治。与此同时，同时期发生的数次十字军东征加速了拜占庭的灭亡。

自1180年起的十年里，持续的宗教分裂削弱了教廷的权力。在“异端”看来，教士就是教廷的爪牙，负责帮助教皇强制施行令人难以接受的教条。许多教徒拒绝前往教堂和缴纳“什一税”，并尝试寻找新的方式来理解和信奉基督教。正如几十年前的伦巴底地区一样，织布厂工人和学徒组成的谦卑者派（humiliati，拉丁语）也曾如此做。

瓦勒度派（vaudois）成员就是这样一群“异端”。该教派的名字来自里昂一位

镇压卡特里派的阿尔比十字军

1199年，教皇英诺森三世在他的诏书《世纪堕落》(*Vergentis in Senium*)中敲响了警钟，将宣扬“非一神论”——存在创造无形精神世界的“善神”和创造有形世界的“恶神”——的卡特里派成员视为“异端”和犯下亵渎天主的罪人。1208年，教皇使节皮埃尔·德·卡斯泰尔诺(Pierre de Castelnau)被谋杀，导致教皇于1209年发动了十字军征讨。北方诸侯(领主)纷纷响应，率军向朗格多克(位于法兰西南部)的贵族和农民发起进攻。

法兰西、意大利和伊比利亚半岛北部所有教堂的上空钟声响起，觊觎南方土地的巴尔(Bar)伯爵、香槟伯爵、讷韦尔(Nevers)伯爵、布卢瓦伯爵以及勃艮第公爵开始行动。随着第四次十字军东征的展开，西蒙·德·蒙福尔成为卡特里派讨伐战的先锋。1215年，西蒙·德·蒙福尔在第四次拉特兰主教会议上被任命为图卢兹伯爵，取代因容忍卡特里派和支持“非一神论”而被开除教籍的图卢兹伯爵雷蒙德六世(Raymond Ⅵ de Toulouse)。但是，雷蒙德六世拒绝接受并率军反击，对罗马教廷和法兰西王室宣战，并于1218年斩杀了西蒙·德·蒙福尔。1226年，法兰西国王路易八世(Louis Ⅷ)动用皇家十字军，一举击溃奥克西塔尼亚(Occitane)的卡特里派贵族，并将他们逐出政府和教会。1233年，格列高利九世(Grégoire Ⅸ)发布宗座诏令(Ille humani generis)，表明其首要任务是摧毁卡特里教会(摩尼教会)。经过三十六年的不断讨伐、洗劫城镇以及拷问“异端”，十字军最终于1244年攻占了阿尔比人最后的要塞之一——蒙塞居尔(Montségur)，并在要塞山脚下火刑处决了210名异教徒。

名叫彼得·瓦勒度(Pierre Valdès)的富商，他舍弃富裕的生活，效法基督苦行传道——瓦勒度游走在大街小巷，甚至上门宣讲自己的理念。起初，彼得·瓦勒度的教理得到了教皇亚历山大三世的肯定，但外出传道需事先获得当地教士的许可。当时，里昂大主教让·贝勒曼(Jean Belles-mains)私底下却对教皇的许可横加限制，而揭露了这一事实的瓦勒度派成员却在1184年维罗纳(Vérone)主教会议上被定罪。不过，教廷的迫害并没能阻止该教派在阿尔卑斯和德意志等地区的传播。按照瓦勒度派的说法，贫穷是基督徒唯一真实的生活方式，任何诚实的人都可以讲解《圣经》和传扬福音。此外，瓦勒度派还将《圣经》部分章节翻译成了通俗语言。

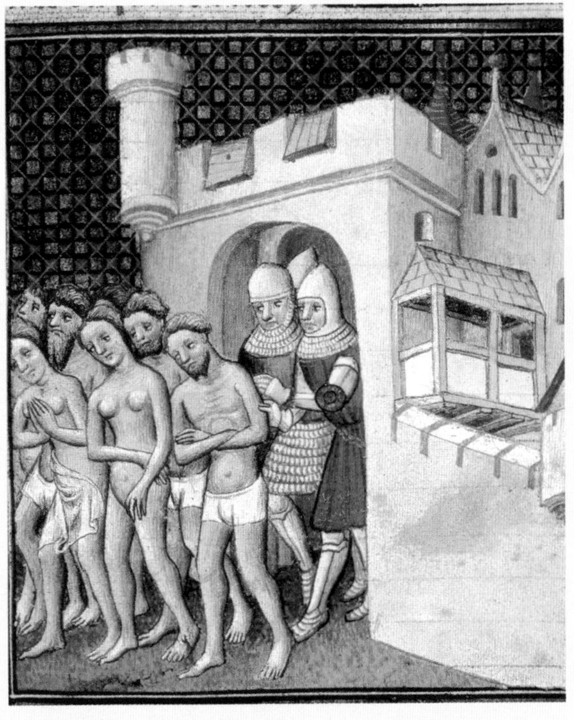

驱逐卡特里派 这幅细密画描绘了1209年西蒙·德·蒙福尔包围卡尔卡松（Carcassonne）并迫使城内官兵投降后的情景，作于15世纪。现藏于伦敦大英图书馆。

卡特里派

卡特里派，又称阿尔比派（albigeois），是基于诺斯底主义的一个“异端”宗教派别。尽管从教义上说受摩尼教[31]（manichéisme）影响的卡特里派与巴尔干地区的波格米勒派（bogomiles，又译鲍格米勒派）有相似之处，但事实上这场运动满足了人们更深层的需求，这也解释了为什么其发展速度如此之快。卡特里派良好的群众基础，动摇了中世纪欧洲的两大支柱——基督教会和封建社会。

12 世纪下半叶，卡特里派逐渐传入朗格多克（Lan-

[31] 摩尼教，又称明教、牟尼教等，源自古波斯祆教，3 世纪中叶在巴比伦兴起的世界性宗教。唐代，摩尼教传入中国。——译者注

guedoc)、莱茵兰、法兰德斯和意大利东北部地区。该教派提出建立新的教会，推选新的神职人员，同时其成员通过煽动性的宣讲聚集了大批信众。至于教廷对异教徒的敌视，主要是由于异教徒动摇了教会活动最深层的根基。尽管该教派成员间仍存在分歧，但一致认可教派教义的内核，即存在两个世界——一个是邪恶撒旦创造的有形物质世界，另一个是善良上帝创造的无形精神世界，善与恶不断斗争着。在卡特里派信徒看来，人类的灵魂只是被束缚在躯壳中的灵，基督教的耶稣复活说是无稽之谈，且圣事毫无价值，因此教徒们用“按手礼”(imposition des mains)取代了洗礼。与此同时，卡特里派严格的教条也催生了激进的苦行主义。他们拒绝食用肉类和任何动物副产品(鸡蛋、奶酪和牛奶等)，提倡严格的素食主义，但接受食用鱼类。简而言之，卡特里派的信条就是反对纵情享乐和教条主义，并将此类行为视为亵渎神灵。

1184年维罗纳(Vérone)主教大会期间，教皇卢西乌斯三世(Lucius Ⅲ)谴责了卡特里派和瓦勒度派的“异端”行为，并采取包括军事手段在内的强制措施令两派屈服，由此拉开了宗教迫害时代(基督教内部的十字军)的序幕。

法兰西霸权

1179年10月1日，法兰西国王路易七世(Louis Ⅶ)自觉时日无多，让儿子腓力二世(Philippe Ⅱ，腓力二世·奥古斯都)在兰斯(Reims)大教堂加冕。约一年之后老国王去世，腓力二世·奥古斯都(1180—1223年在位)顺利登基。在腓力二世·奥古斯都的统治期间，法兰西成为欧洲的头号强国，他本人也是第一位被掌玺大臣公署[32](chancellerie)称为“法兰西国王”(roi de France)而非“法兰西人的国王”(roi des Français)的君主。在统治期间，腓力二世·奥古斯都将大部分精力用于四方征讨，为自己赢得了“征服者”(Conquérant)的称号。至于“奥古斯都”(Auguste)的称号，这是圣但尼修道院僧侣、编年史家里戈尔(Rigord)给予国王的赞美。

按照加洛林王朝的传统，继承了卡佩王朝遗产的腓力二世成为巴黎和奥尔良

[32] 掌玺大臣公署，法国中世纪国王政府的内阁机构，主要处理正式公文往来。——译者注

王国的统治者。腓力二世善于巩固自己的权力，同时利用所有可乘之机将贵族或邻国的土地据为己有。通过巧妙的联姻手段，腓力二世个人名下的财产数量大幅增加。其中，腓力二世的第一次婚姻迎娶了埃诺伯爵鲍德温五世（Baudouin Ⅴ de Hainaut）的女儿，也是法兰德斯伯爵阿尔萨斯的菲利普（Philippe d'Alsace）的侄女伊莎贝拉（Isabelle）。作为一份丰厚的嫁妆，法兰德斯南部的阿图瓦（Artois）随即并入了法兰西。此后不久，他又企图利用家庭纷争的混乱局面将势力扩张到英吉利海峡。就在这时，发生了一件大事：1191 年，鲍德温五世促使法兰德斯和埃诺与香槟家族组成联盟，顷刻间法兰西国王的忠实盟友实力大增。就这样，这突如其来的状况让腓力二世・奥古斯都拥有了挑战前不久刚刚登上英格兰王位的强大君主——亨利二世（亨利・金雀花）的力量。

英格兰国王亨利二世虽然强大，但偏安于岛上使其无法对王国名下部分位于欧洲大陆的土地拥有绝对的主权，虽然相关方达成了初步的协议，但在其统治期间持续存在着领土争端。腓力二世・奥古斯都利用亨利二世家族内部不和来加剧领土冲突。其中，第一个机会出现在 1183 年，亨利二世的三个儿子——“幼王”亨利（Henri le Jeune）、阿基坦公爵“狮心王”理查和布列塔尼公爵若弗鲁瓦同时向他们的父亲宣战。每当亨利二世与安茹家族陷入领土纠纷，腓力二世都会立即采取行动，以坐收渔翁之利。1188 年 11 月，腓力二世・奥古斯都和亨利二世在邦斯穆兰（Bonsmoulins）举行会晤，而这意味着黄金时机即将到来。值此关键时刻，未来的英格兰国王“狮心王”理查选择倒向法兰西一边，以对抗自己的父亲亨利二世。当时，编年史家们以浓厚的笔墨描写了腓力二世与“狮心王”理查之间的友谊：他们二人合力向曼恩发起军事行动，亨利二世无条件投降，并于次日即 1189 年 7 月 6 日病逝于希农。此后，腓力二世和“狮心王”理查的关系在第三次十字军东征期间开始降温。正当腓力二世计划夺取安茹公国[33]的时候，“狮心王”理查于 1199 年 4 月 6 日在镇压利摩日子爵（vicomte）的叛乱时中箭身亡。

卡佩家族和金雀花家族为争夺西欧霸权进行了十二年的大规模对抗，最终以一

[33]“狮心王”理查是英格兰国王，还是安茹伯爵、阿基坦公爵、诺曼底公爵、普瓦捷伯爵、曼恩伯爵。——译者注

布汶战役：面对欧洲强敌的法兰西

1214 年，在神圣罗马帝国皇帝腓特烈二世的支援下，腓力二世的大军在法兰西北部的布汶（Bouvines）与英格兰、法兰德斯和不伦瑞克的奥托四世组成的联军展开对峙。

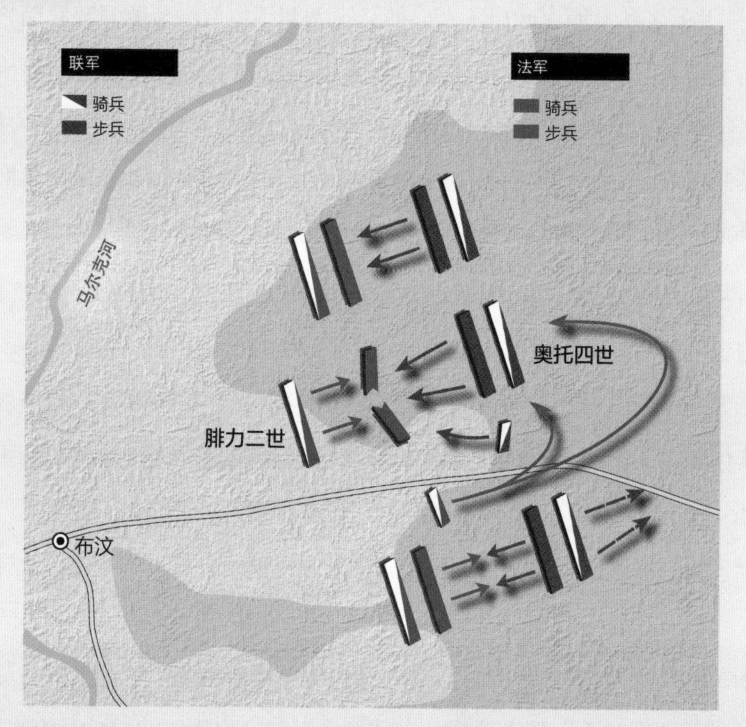

法兰西国王腓力二世向里尔（Lille）方向撤退，而奥托四世兵分三路展开追击：法兰德斯伯爵斐迪南（Ferrand de Flandre）率领的法兰德斯-荷兰军团；不伦瑞克骑兵和德意志、撒克逊步兵组成的帝国军团；达尔玛坦伯爵雷诺（Renaud de Dammartin）率领的布拉班特（Brabant）雇佣兵和索尔兹伯里（Salisbury）伯爵手下的英格兰军队。两队法军一字排开，而三倍于法军的德军只能以同等方式迎战。两军刚一交锋，勃艮第军团就击败了法兰德斯军团。中部战场形势非常胶着，但左翼的索尔兹伯里伯爵却已败退，右翼的法军突破了防御工事，导致奥托四世的军队溃败。奥托四世本人虽得以逃脱，但败局已定。

插图 15世纪描绘布汶战役庆祝场景的细密画，现藏于巴黎法国国家图书馆。

场激烈的阵地战而告终。“狮心王”理查死后，腓力二世·奥古斯都自觉已有能力限制安茹公国的势力，而英格兰王位的继承者是亨利二世和阿基坦的埃莉诺的幼子——从未妄想过有朝一日能够继承王位的“无地王”约翰（Jean sans Terre）。然而，“无地王”约翰与法兰西国王腓力二世·奥古斯都的冲突，出人意料地令不伦瑞克的奥托四世（Othon Ⅳ de Brunswick）这位重要人物卷入其中，而这位神圣罗马帝国皇帝站在了舅舅“无地王”约翰一边。

就这样，三支军队在法兰西北部的布汶平原展开对峙。不过，双方并非势均力敌，英德联军看起来实力占优。然而，战略素养极高的腓力二世·奥古斯都没有

圣让-阿卡堡垒

上图为圣让-阿卡（Saint-Jean-d'Acre，简称阿卡）堡垒的骑士大厅。堡垒于1080年由医院骑士团修建，初期作为医院使用，12世纪时成为防御设施。1187年，堡垒被萨拉丁占领；1191年，又在第三次十字军东征期间被基督徒夺回，并改名为圣让-阿卡堡垒。1291年，撒拉逊人（Sarrasins，阿拉伯人）重新占领堡垒。

顾及“安息日”（圣日）的相关宗教禁忌于1214年7月27日星期天率先发动进攻，使得法军取得了压倒性的胜利。对此，卡佩王朝国王的主要传记作者、编年史家纪尧姆·勒布雷顿（Guillaume le Breton，1165—1226）将这场战役视为一场名副其实的大捷。布汶战役后，法兰西一跃成为西方世界最重要的国家，并拥有欧洲大陆最先进的管理制度和最优秀的文化。

耶路撒冷的陷落

1154年，赞吉之子努尔丁（Nur ad Din）重新统一了叙利亚地区并进驻大马士革，十字军国家陷入风雨飘摇的境地。萨拉丁（Saladin）攻占埃及后，拉丁王国（十字军国家）的处境更是雪上加霜。

政治上的统一伴随着宗教上的统一，而伊斯兰教逊尼派从中受益。占领埃及后，萨拉丁花了十年时间控制了叙利亚全境，驱逐了当时继承了该地区统治权的努尔丁之子。1183年，叙利亚征服的结束大大削弱了耶路撒冷王国，令其国运遭遇了转折，而本就身患疾病的耶路撒冷国王鲍德温四世（Baudouin Ⅳ）感染了麻风病。事实上，这位颇具人格魅力的谈判专家是耶路撒冷存续的最后希望。早在1177年，鲍德温四世就率领一小股精锐部队，在加沙（Gaza）堡垒的圣殿骑士团协助下成功奇袭萨拉丁，使其败走蒙吉萨（Montgisard）。

由此可见，法兰克人只要能发现穆斯林军队在战略上的弱点，就能在这日益恶劣的环境中生存下去。要做到这一点，一个像鲍德温四世这样优秀的统帅是必不可少的，但沙蒂永的雷纳德（Renaud de Châtillon）和吕西尼昂的居伊（Guy de Lusignan）这两位能力远不及鲍德温四世的领主却自负地认为能够在战场上击败萨拉丁。1185年，鲍德温四世去世，形势急转直下。主战派逐渐占据上风，他们主张通过撕毁停战协定并攻击前往麦加（La Mecque）的朝圣者，以逼迫萨拉丁在战场上正面交锋。此后，一系列事件让局势更加复杂，导致1187年7月4日爆发了可怕的哈丁（Hattin）战役。在交锋过程中，萨拉丁将十字军的军事资源摧毁殆尽，而此次溃败直接导致耶路撒冷于1187年10月2日被攻陷并回到伊斯兰世界。

在北方，安条克和的黎波里仍在抵抗。耶路撒冷王国的法兰克人逃亡至海滨城市推罗，并多亏了蒙费拉的康拉德（Conrad de Montferrat）侯爵（marquis）及时赶到开展救援行动。在适当的时候，蒙费拉的康拉德取得了行动的领导权，萨拉丁这才解除了围城。

耶路撒冷陷落的消息传到西方，当时人们正在对国王在政治生活中扮演的角色展开激烈争论。神圣罗马帝国皇帝“红胡子”腓特烈（腓特烈一世）却从十字军东征的行动中发现了强化自身霸权并同时削弱国内贵族实力的黄金机会，他说服了英格兰、法兰西两国国王加入远征，但他并未同他们一同出发或展开军事策应。在腓特烈一世看来，他自己拥有足够的实力战胜萨拉丁、夺回耶路撒冷、重建十字军国家，并将德意志的影响力扩展到当地。

腓特烈一世曾随康拉德三世经历 1147 年的惨败，但他此番再次选择陆路进军的决定看上去令人难以置信，而上次遇到的困难这次也如期而至。新登基的拜占庭皇帝伊萨克二世·安格洛斯（Isaac Ⅱ Ange）毫不犹豫地与萨拉丁密谈，以阻止他们共同的敌人——德意志皇帝的到来。最后，腓特烈一世威胁要攻打君士坦丁堡，拜占庭皇帝才伸出援手帮助他的大军顺利抵达小亚细亚。十字军一离开拜占庭领土就不断遭遇土耳其轻骑兵的骚扰，而当地恶劣的地理条件和补给匮乏拖累了行军速度。即便如此，腓特烈一世还是在亚美尼亚向导的指引下翻越了托罗斯山脉（Taurus），攻下了罗姆苏丹国的首都伊科尼恩（Iconium）。1190 年 6 月 10 日，腓特烈一世在奇里乞亚地区安纳托利亚半岛的格克苏河（Göksu）溺水身亡，他的儿子和士兵则继续前进到了阿卡。

1189 年，逃亡的耶路撒冷国王吕西尼昂的居伊展开反攻，包围了阿卡的重要港口。在西西里度过严冬后，法兰西国王腓力·奥古斯都于 1191 年 4 月沿水路到达圣地，而几乎采用了同样行军路线的英格兰国王“狮心王”理查也在两个月后抵达。1191 年 7 月 12 日，突厥人投降。然而，两位国王间的政治分歧让十字军陷入了困境。在腓力·奥古斯都决定返回法兰西，留下“狮心王”理查独自面对萨拉丁的

“狮心王”理查与萨拉丁

第三次十字军东征期间，英格兰国王与埃及苏丹在战场上数次交锋，但也为了和平解决争端进行了多次谈判。

插图 14 世纪编年史中的一幅小彩画，展现了基督徒和穆斯林之间的争斗。一般认为，画中人物就是“狮心王”理查和萨拉丁。现藏于伦敦大英图书馆。

大军后，局面变得更加混乱。不过，“狮心王”理查在贵族们争抢耶路撒冷王位期间做出多项壮举，也让萨拉丁看清了形势。最终，双方签订了为期三年的停战协议：基督徒保留从阿卡到亚实基伦沿岸地区，并能够进入圣城。至此，第三次十字军东征结束，其间十字军从拜占庭手中夺取了塞浦路斯（Chypre）并在岛上建立了拉丁王国。

西西里的霍亨斯陶芬家族

“红胡子”腓特烈（腓特烈一世）意外死亡后，亨利六世（Henri Ⅵ）继位。这位新皇帝立志继承其父腓

特烈一世的政治路线，但心中怀揣着更加伟大的目标。在亨利六世的设想中，欧洲各国都将是神圣罗马帝国的臣属国，而教廷则会变成唯唯诺诺的盟友。

实际上，战略的关键在西西里。1189 年 11 月 18 日，西西里国王古列尔莫二世（Guillaume Ⅱ de Sicile，又译西西里的威廉二世）去世，身后并无子嗣，于是神圣罗马帝国皇帝亨利六世的妻子欧特维尔的科斯坦察（Constance de Hauteville，又译康斯坦丝）成为王位的合法继承人。但是，西西里人拒绝拥护一位德意志国王，因而开始寻找已故国王的私生子来继承王位。然而，有资格继承王位的人接连被暗杀，导致最后

十字军骑士

身披锁子甲、手持长矛的骑士是十字军中的精英，而数量远多于骑兵的步兵往往在战斗中冲锋在前。

插图 骑士形状的铜制水容器，现藏于佛罗伦萨巴杰罗美术馆。

哈丁战役与十字军的溃败

1187年，萨拉丁重新控制了赞吉王朝在叙利亚和美索不达米亚丢失的土地，成功团结了穆斯林势力，并计划向北非和也门扩张。拉丁国家封锁了叙利亚和伊拉克在地中海的贸易出海口，而埃及以外地区的穆斯林谴责萨拉丁面对十字军的不作为，反而攻击穆斯林兄弟。最后，“渎圣者”沙蒂永的雷纳德（Renaud de Châtillon）撕毁了刚签署不久的停战协议，在大马士革和开罗间的路上袭击了商队，而当时萨拉丁的一位姐妹就在当地游历。这一事件让萨拉丁下定决心发动哈丁战役。胜利之后，萨拉丁将基督徒逐出耶路撒冷，并赶走了大马士革、阿勒颇和迪亚巴克尔（Diyarbakir）的阿塔贝格（总督）。自称“麦加（Mecque）和麦地那（Médine）的守护者”的萨拉丁于1193年去世，当时他所统治的帝国领土覆盖从北非到伊拉克以及印度洋与亚美尼亚之间的广大地区。

① 场景　击败了十字军大军后，萨拉丁高坐在哈丁高原的营地中。15世纪书法家大卫·奥贝尔（David Aubert）所著《十字军编年史》（*Chroniques des croisades*）中的小彩画，现藏于巴黎阿瑟纳尔图书馆。

② 萨拉丁　在四周卫士们的保护下，苏丹萨拉丁坐在营帐中接见十字军俘虏。战斗中，萨拉丁夺取了圣物——真正的十字架，并将其视为日后谈判的筹码。

③ 吕西尼昂的居
耶路撒冷国王吕
居伊在战后被囚
士革，但萨拉丁
性命。在其妻的
下，吕西尼昂的
后被释放，并参
次十字军。后来
昂的居伊成为塞
王并于1194年去世

十字军　12世纪圣殿骑士团的团印，坐骑上有两位特点鲜明的骑士。现藏于巴黎法国国家档案馆。

…的雷纳德 这…虏的安条克领…丁亲手处决。…史家伊马德丁…萨拉丁当时解…永的雷纳德的…咎于他的恶毒…义。

❺ 穆斯林军队 萨拉丁的军队大约有3万人（各种史料提供的数字不一），包括1万多名弓马娴熟且身经百战的骑兵。

❻ 十字军骑兵 据推测，十字军约有2万人，其中步兵1.5万人。战败后，幸存的士兵被卖到了叙利亚和埃及的奴隶市场。

萨拉丁的战略

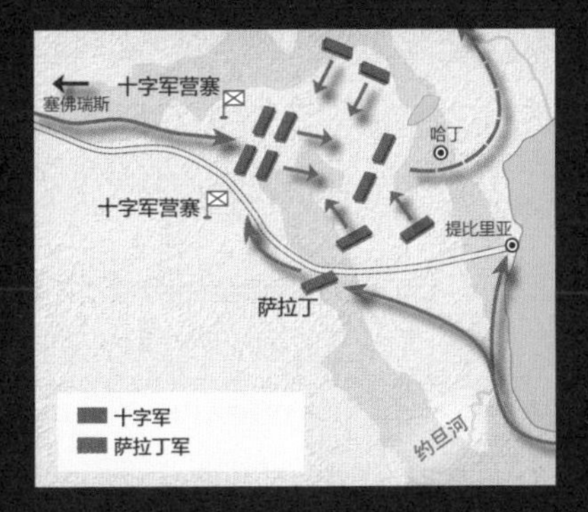

1187年3月，萨拉丁劫掠了沙蒂永的封地卡拉克（Karak），并占领了提比里亚（Tibériade，图中棕色线）。耶路撒冷国王耐不住的黎波里的雷蒙德（Raymond de Tripoli）的恳求决定出城迎敌，双方交战于去往提比里亚的路上（图中蓝色线）。萨拉丁在哈丁向对方发动奇袭。

7月3日那天，萨拉丁埋伏在陡峭的坡地，下令焚烧四周的蒿秆发起火攻，顿时火光四起，而穆斯林军队也占得先机。的黎波里的雷蒙德率领麾下骑兵直扑萨拉丁的侄子哈马（Hama）埃米尔（émir，贵族头衔，意为酋长）塔奇·阿德·丁（Taqi ad Din），后者下令部队散开躲避敌军冲锋。的黎波里的雷蒙德没有恋战，而是离开哈丁前往塞佛瑞斯（Sepphoris，图中黄色线）。剩下的十字军向东北行进，并在两山之间平坦且没有干燥植被的玄武岩岬角集结（见插图），但他们在这里被绕道而来的两支穆斯林军队击溃。

无人愿意接手王国的统治权。在此情况下，亨利六世强迫比萨和热那亚向西西里派兵，而这些军队的到来很快就平息了当地诺曼贵族零星的抵抗。

为了避免回国后当地贵族的叛乱死灰复燃，亨利六世做出了三项重要决定：首先，将当地的统治权和部分军队的指挥权交予妻子科斯坦察；其次，任命弟弟菲利普（Philippe de Souabe）为士瓦本公爵，而其曾在1184年美因茨骑士节上给予亨利六世坚定的支持；最后，最重要的是，任命出身低微的安威勒的马克沃德（Markward d'Annweiler，又译马克沃德·冯·安威勒）元帅为拉文纳（Ravenne）公爵，同时授予他亚得里亚海沿岸地区的管辖权。离开西西里之前，亨利六世的愿景逐个成为现实。1194年12月26日，科斯坦察皇后生下一子，取名腓特烈·罗杰（Frédéric-Roger），他将是霍亨斯陶芬家族和欧特维尔家族的继承人。

回到德意志后，亨利六世的野心继续膨胀。在西西里岛取得的成功让他自认为已经实现了当年诺曼人的“称霸地中海”计划，在此基础上他希望更进一步，让马格里布（Maghreb）的穆斯林国家、塞浦路斯王国、小亚美尼亚王国和拜占庭帝国向自己称臣纳贡。为此，亨利六世撮合伊萨克二世·安格洛斯的女儿、西西里国王鲁杰罗二世的遗孀伊琳娜（Irène）嫁给了他的弟弟士瓦本公爵菲利普，并向拜占庭皇帝提议合并两国领土由他个人统一管理。

1193年萨拉丁去世时，亨利六世决定着手准备号召德意志贵族再次组织十字军，此举可以安抚此前被帝国在亚得里亚海和西西里的行动激怒的教皇塞莱斯廷三世（Célestin Ⅲ）。准备期间，亨利六世构想了一套极具野心的计划，即将日耳曼帝国君主政体改为世袭制。但是，这项举措遭到了德意志贵族、教皇和英格兰的多方阻挠，而亨利六世对政敌采取的残暴行为制造了极度紧张的局面。然而，当发起十字军和建立世袭统治两大计划即将达成之时，亨利六世却于1197年9月28日在西西里感染疟疾身亡。

亨利六世匆匆草拟的遗诏展现出这位君主的雄才大略。例如，他让教皇做儿子的监护人，这样的安排可以继续实现将西西里并入神圣罗马帝国的大业。此外，他还要求安威勒的马克沃德作为教皇的臣属，保留亚得里亚海、拉文纳公国和安科纳（Ancône）边境地区的领土。

英诺森三世

12 世纪末期，教会法的发展和与神圣罗马帝国长期以来的争端让教皇的工作变得复杂。亨利六世去世之后，酝酿了一段时间的起义在意大利爆发。九旬高龄、曾在危难时刻临危受命的教皇塞莱斯廷三世去世之后，局势变得更加扑朔迷离。与此同时，枢机主教中最年轻、最有活力且也准备最充分的罗塔里奥·塞尼（Lotario Conti）被选为教皇的继任者。1198 年 1 月 8 日，罗塔里奥 · 塞尼正式就职，史称英诺森三世（Innocent Ⅲ）。

枢机团做出此举不可谓不慎重。英诺森三世是一位杰出的法学家、经验丰富的法官、了不起的行政专家和非凡的政治家，他坚定支持的罗马教廷教义不仅确定了教皇统治教会的权力和合法性，同时也并不否认神圣罗马帝国的权威。与此同时，英诺森三世暗中煽动各郡县反抗德意志政权并承认教皇的统治，甚至占领了安科纳边区，迫使安威勒的马克沃德逃回西西里。为此，女王科斯坦察十分为难，因为在此情况下她无法让儿子腓特烈 · 罗杰继承西西里王位并顺理成章将这片土地并入神圣罗马帝国。1198 年 11 月，获得教皇支持的科斯坦察在弥留之际将儿子腓特烈 · 罗杰的监护权托付给了英诺森三世。

当时，政治形势也在不断恶化。除了处于困境中的西西里，德意志也爆发了内战，霍亨斯陶芬家族的皇帝被赶下皇位。“狮子”亨利的次子奥托四世在“归尔甫派”（教皇派）和舅舅“狮心王”理查的簇拥下登基成为新皇，而来自霍亨斯陶芬家族的“吉伯林派”（皇帝派）人物士瓦本公爵菲利普和奥托四世之间的矛盾在英诺森三世外交政策的煽动下越发激烈。教皇英诺森三世只等双方两败俱伤，趁机将科斯坦察之子腓特烈 · 罗杰送上皇位。

虽然英诺森三世在神圣罗马帝国内部施展了不少政治手段，但他与英格兰和法兰西的关系只维持在纯粹的宗教层面上。法兰西南部崛起的卡特里派是英诺森三世的心头大患，因此教皇希望直接介入铲除“异端”的行动。阿尔比（Albi）是这场基督教“异端”运动的中心之一，因此卡特里派也被称为阿尔比派。英诺森三世酝酿改变策略，之前负责怀柔卡特里派的熙笃修会成员被以里尔的阿兰（Alain

中世纪教会及其对“异端”的打击

1000 年前后，作为庞大帝国中心的罗马积聚了大量财富。在这样的背景下，出现了一些反对教会政治和社会组织的运动，当然这些运动也遭到了强势镇压。

1209年11月，教皇英诺森三世号召进行第三次十字军东征，主要响应者是巴尔伯爵、讷韦尔伯爵、布卢瓦伯爵和香槟伯爵这些北方大领主。教皇许诺，在得胜归来之际，将朗格多克异教徒贵族的领地分发给大家。卡特里派的意外成功导致了反对教廷宗教思想和学说的人数大大增加，无论是在农村地区还是在手工业者、教士和贵族中都有异教徒的身影，局面逐渐演变成当时社会秩序和被压迫人民之间的政治冲突。因此，在1233年教皇格列高利九世建立宗教裁判所（Inquisition）时，针对的主要是卡特里派的改革教义。

插图 12世纪利摩日主教权杖，上方的装饰描绘了大天使米迦勒与恶龙交战的情景。现藏于托莱多大教堂宝库。

de Lille）为代表的主教们和圣道明（Dominique de Guzmán）创立的道明会成员所取代。

斗争方向的改变意味着方法的变化，卡特里派被宗教裁判所这个为它量身打造的宗教法庭认定为“异端”。与此同时，宗教裁判所采取的举措为相关宗教团体的前景蒙上了一层阴影。很明显，为了让这些“异端”屈服，教廷决定动用军事力量。

君士坦丁堡之围

1204 年春，在第四次十字军东征期间，一群精英骑士来到威尼斯，本想在此乘船前往耶路撒冷的他们却被威尼斯人带到了君士坦丁堡。然而，骑士们没有

足够的钱来支付威尼斯船只过境的费用。事实上，此次改道而行是由于十字军与拜占庭皇位觊觎者达成的一项协议。与此同时，阿历克塞·安格洛斯[34]（Alexis Ange，阿历克塞四世·安格洛斯）及其父伊萨克二世·安格洛斯是这场宫廷政变的受害者。伊萨克二世被哥哥阿历克塞三世·安格洛斯（Alexis Ⅲ Ange）夺走皇位、刺瞎双眼，随后囚入大狱。伊萨克二世之子阿历克塞四世艰难逃出君士坦丁堡，并向姐夫士瓦本公爵菲利普求救。在了解到十字军因路费问题被困在威尼斯之后，阿历克塞四世·安格洛斯（Alexis Ⅳ Ange）利用姐夫士瓦本公爵菲利普和十字军统领的关

[34] 安格洛斯（Ange），又译安格鲁斯，如安格鲁斯王朝。——译者注

威尼斯与十字军

第四次十字军东征最初的目标是重新夺回圣地，但随后决定转攻君士坦丁堡并建立东罗马帝国。当时，威尼斯要求十字军支付的运兵费用为 8.5 万杜卡托（ducats，威尼斯古金币名）。由于十字军无法支付如此高昂的费用，他们便以占领达尔马提亚（Dalmatie）的札拉（Zara，扎达尔［Zadar］）和围攻拜占庭首都君士坦丁堡作为交换。

系，承诺在帮助自己夺回皇位后向威尼斯偿还十字军的所有欠款。这似乎是一个三赢的提议：十字军离他们抵达圣地和夺取耶路撒冷的目标更近了一步，威尼斯人能够收回他们运送十字军到巴勒斯坦所花费的巨额资金，而阿历克塞四世可以夺回世袭的皇位，并向刺瞎父亲伊萨克二世且篡位的伯父阿历克塞三世复仇。

1203 年 7 月，十字军开始包围君士坦丁堡。篡位者阿历克塞三世仓惶逃走，前任皇帝伊萨克二世被释放，并与其子阿历克塞 · 安格洛斯共理朝政。同年 8 月 1 日，阿历克塞 · 安格洛斯在圣索菲亚大教堂加冕，称阿历克塞四世。盛大的加冕礼结束后，新皇帝阿历克塞四世却发现国库空空如也，无法按照先前的承诺向十字军和威尼斯人支付欠款。随后，情况变得越来越凶险，城市周边到处都是期待得到报酬的十字军。到了 1204 年，局势越发紧张，十字军决定向皇帝阿历克塞四世下达最后通牒。

在尝试增税无果后，阿历克塞四世惨遭废黜，随后被“浓眉”阿历克塞五世 · 杜卡斯（Alexis V Murzuphle）暗杀。篡位者阿历克塞五世非常强硬，拒绝向十字军支付任何费用。4 月中旬，感觉受到欺骗的十字军攻入君士坦丁堡城内，而当时城中心发生的火灾也让十字军的进攻变得更加容易。后来证实，城墙有一段时间是没有驻军防守的，这种情况是否与火灾有关不得而知。同时，皇室成员、高官和君士坦丁堡大主教都逃出了城外。威尼斯总督恩里科 · 丹多洛（Enrico Dandolo）和十字军的其他首领攻入皇宫，并在城中大肆劫掠三日让兵士们泄愤。

此前，从来没有一支军队能面对如此数量唾手可得的财富。十字军劫掠了君士坦丁堡的珍品，并摧毁了所有他们认为没有价值或无法带走的物品：房屋、图书馆和神庙陷入一片火海，地中海最大的城市毁于一旦；帝国首都近千年积累下的数千部著作也化为乌有，城市沦为一片废墟。5 月 16 日，埃诺和法兰德斯伯爵鲍德温（Baudouin de Flandre，鲍德温一世）被推选为拉丁帝国[35]的首任皇帝，但他的权力实际上非常有限。

君士坦丁堡的陷落和拉丁帝国的建立，大大削弱了拜占庭这个阻止土耳其向欧

[35] 拉丁帝国（1204—1261 年），又称十字军帝国，第四次十字军东征建立的罗马天主教国家，首都君士坦丁堡。——译者注

洲扩张的堡垒的力量。同时，拜占庭分裂出的小亚细亚诸国和后来重建的巴列奥略王朝（Paléologues）都没有称霸该地区的军事实力。事实证明，1204 年的君士坦丁堡之围等于将城市的未来拱手让与了突厥人。

拉斯纳瓦斯·德·托洛萨和米雷

1210 年之后，教皇英诺森三世的主要政治目标开始逐个实现。他利用熟知的教会法向莱昂国王阿方索九世（Alphonse Ⅸ）施压，后者因与堂妹卡斯蒂利亚女王贝伦加利亚（Bérengère de Castille）结婚而违反了近亲结婚的规定。在教皇的建议下，阿方索九世于 1209 年被迫休妻，同时也放弃了征服伊比利亚半岛的宏伟计划。同年，英诺森三世晋升了一直支持自己且颇有影响力的托莱多大主教——罗德里戈·希门尼斯·德·拉达（Rodrigo Jiménez de Rada，又译罗德里戈·吉梅内斯·德·拉达），而早在 1177 年其就在阿拉尔孔（Alarcón）城堡迎接过卡斯蒂利亚国王阿方索八世对抗穆瓦希德王朝的远征军，此举被视为新时代开启的信号。

对于托莱多大主教晋升的消息，边境地区反应比较积极。在阿方索八世于 1195 年 7 月 19 日的阿拉科斯（Alarcos）战役中惨败给穆瓦希德王朝大军后，伊比利亚半岛上空弥漫的悲观情绪让人联想到了 1187 年哈丁战役后圣地的压抑氛围。穆瓦希德王朝夺回“收复失地运动”中失去的领土似乎已成定局，而基督徒们甚至担心像托莱多这样的主要城市也会落入穆斯林之手。因此，托莱多大主教重提教皇理念，将征讨穆瓦希德王朝的联军冠以十字军之名。托莱多大主教召集卡斯蒂利亚国王阿方索七世（Alphonse Ⅶ）、纳瓦拉国王“强者”桑乔（Sanche le Fort de Navarre）、阿拉贡国王佩德罗二世（Pierre Ⅱ d'Aragon，“虔诚者”佩德罗二世［Pierre Ⅱ le Catholique］）和葡萄牙国王阿方索二世（Alphonse Ⅱ du Portugal），以及不少来自法兰西、勃艮第、英格兰、德意志和欧洲其他地区的骑士组成联军，主要目的是与穆瓦希德王朝的大军展开会战，并首先夺取瓜地亚纳河谷甚至南方诸地的控制权，然后挺进各大城市，最终占领瓜达尔基维尔河谷地区。基督教联军穿越德斯佩纳佩罗斯峡谷（Despeñaperros），与穆瓦希德王朝的军队在圣埃伦娜（Santa Elena）城堡附近的拉斯纳瓦斯·德·托洛萨（Navas de

拉斯纳瓦斯·德·托洛萨会战：基督教王国大捷

基督教联军在海拔 870 米的国王隘口（Port du Roi）扎营，穆斯林军队则驻扎在油橄榄山（Colline des Oliveraies）上。因此，基督教联军是由下至上进攻。

基督教联军列阵排开 阿拉伯轻骑兵开始进攻。基督徒们抵挡住了攻势，穆斯林重骑兵停下了前进的脚步。

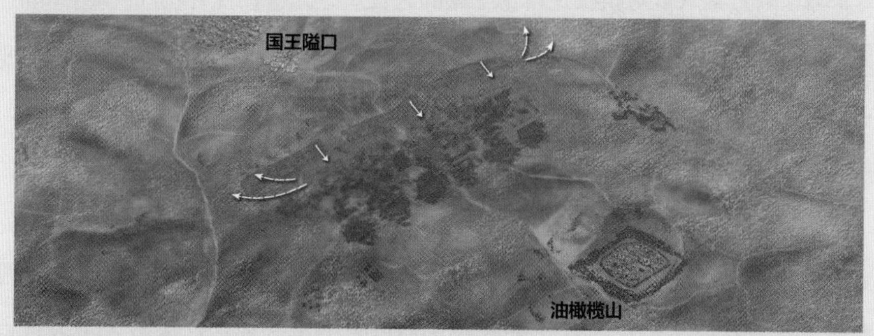

基督徒的第二道防线 为先锋部队提供支持，阿方索八世（Alphonse Ⅷ）发现了穆瓦希德王朝军阵中的一个漏洞。

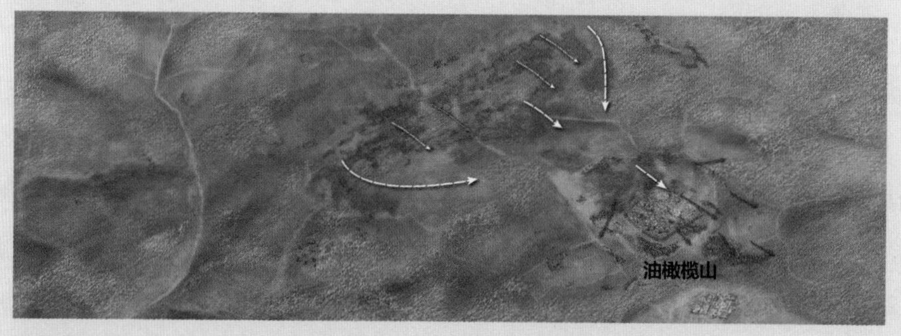

国王阿方索八世 令士兵发起最后的冲锋，一举歼灭穆斯林军队并占领了山头。

Tolosa，托洛萨）遭遇。

1212年7月16日，这场西班牙历史上最著名的会战拉开了序幕。穆瓦希德王朝军队的惨败直接导致了帝国的迅速灭亡，而作为胜利者的基督教联军，尤其是卡斯蒂利亚国王阿方索七世坚信未来数十年间的目标就是将王国的领地扩张至大西洋沿岸、瓜地亚纳河和瓜达尔基维尔河河口地区。

具有讽刺意味的是，在托洛萨会战中纵横驰骋的阿拉贡国王“虔诚者”佩德罗二世在次年竟参加了对抗教皇十字军的战斗。事实上，佩德罗二世只是去奥克西塔尼帮助妹夫——被北方领主

拉斯纳瓦斯·德·托洛萨会战

基督教联军在托洛萨会战中的胜利，导致其在重新征服伊比利亚半岛的进程中向南迈进了一大步。1212年7月16日，来自安达卢斯（Al-Andalus）和马格里布的穆瓦希德王朝的军队，与来自伊比利亚半岛和欧洲其他国家的十字军组成的联军展开交锋。

插图 19世纪画家弗朗索瓦·范·海伦（François Van Halen）的油画作品，描绘的正是这场拉斯纳瓦斯·德·托洛萨会战。

米雷会战：小规模冲突引发的悲剧后果

北方诸侯（领主）组成的十字军由西蒙·德·蒙福尔担任总指挥，他们的目标是夺取图卢兹伯爵雷蒙德六世、阿拉贡国王佩德罗二世及其南方盟友诸侯的领地。

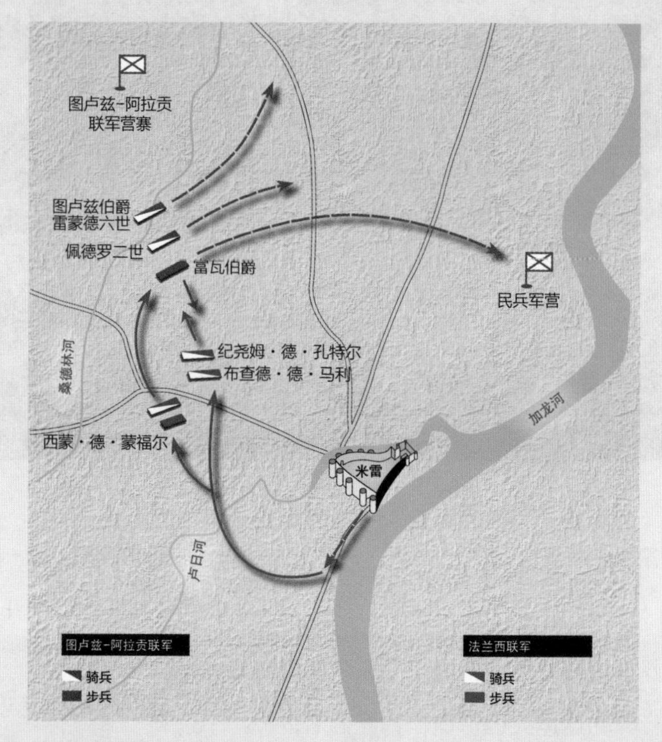

图卢兹和阿拉贡联军包围了加龙河畔的米雷要塞，而当时守军只有30名骑士和少数步兵。十字军首领西蒙·德·蒙福尔冒着被包围的风险率军救援，佩德罗二世与十字军在城下展开激战。南方军打头阵的是富瓦（Foix）伯爵和科曼日（Comminges）伯爵，紧随其后的是阿拉贡军，而反对此次对战的图卢兹伯爵则待在营中避而不战。十字军在人数处于劣势的情况下击溃了南方军先锋，并随后与阿拉贡军展开交战。佩德罗二世重伤身亡，其麾下士兵也被歼灭；图卢兹伯爵逃离战场，远走英格兰。

插图　佩德罗二世国王，现藏于熙笃会波夫莱特（Poblet）修道院图书馆。

联军围攻的图卢兹伯爵雷蒙德六世（Raymond Ⅵ de Toulouse）。西蒙·德·蒙福尔的军队打着十字军的旗号，以教皇的名义征讨“异端”卡特里派，而图卢兹伯爵坚持维护领土上居民的权利，尊重他们的信仰。作为图卢兹伯爵雷蒙德六世的亲戚和同属卡佩王朝的领主，阿拉贡国王佩德罗二世觉得有义务派遣援军，但他的救援对象是被教皇指控为“异端”的群体，而身为基督徒的他要面对的则是一支十字军。

1213 年 9 月 13 日，在图卢兹附近的米雷平原上展开的激战为双方的冲突画上了句号。西蒙·德·蒙福尔率领的十字军与保护卡特里派的图卢兹-阿拉贡联军展开对峙，结果阿拉贡国王佩德罗二世在交锋中丧命，他 5 岁的儿子（后来的海梅一世［Jacques Ⅰer］）被西蒙·德·蒙福尔所擒，经教皇英诺森三世调解后被转交给了圣殿骑士团。

在短短三年时间内，托洛萨、米雷和布汶三场会战的相继爆发，重新定义了作为文化、经济和政治结合体的拉丁基督教世界。托洛萨会战划定了欧洲西南部的边界，米雷会战让人们认识到教廷对“异端”的零容忍政策，而布汶会战则展现出法、英、德三国之间微妙的平衡对欧洲政治命运的重要性。

英格兰与《大宪章》

与法兰西的战争凸显了英格兰君主的缺点。12 世纪末，由数位财政大臣和财政官员们努力构建的高效行政体系（财政部），在处理欧洲大陆一连串事件引发的危机时显得力不从心。布汶会战失败后，“无地王”约翰（Jean Sans Terre）回到阵营中，但颜面扫地。此时，王室需要面对的最棘手的问题是平息贵族们的怒火，因为贵族们已无法忍受被皇权折磨到濒临崩溃的经济。

1214 年 11 月，众多贵族齐聚圣埃德蒙（St Edmunds）墓地，用大主教史蒂芬·朗顿（Étienne Langton，英语 Stephen Langton）挖出的“儒雅者”亨利（亨利一世）的自由宪章作为诉求依据向王室发难。这些贵族大都来自罗伯特·菲茨沃尔特（Robert Fitzwalter）、理查·德·克莱尔（Richard de Clare）、艾塞克斯（Essex）伯爵和格洛斯特（Gloucester）伯爵等大领主治下，主要是东英格兰和艾塞克斯地区。“无地王”约翰马上许下平息叛乱的空头承诺，同时召集军队并声称参加十字军以获得教皇的政治庇护。当贵族们表示拒绝效忠王室后，“无地王”约翰态度傲慢并请求教皇英诺森三世进行仲裁。

贵族们的不断请愿，最终导致了与国王“无地王”约翰的正面冲突。在争取到伦敦市民的支持后，他们建议于5月17日在泰晤士河畔的兰尼米德（Runnymede）水草地召开会议。一个月后的1215年6月15日，“无地王”约翰在坎特伯雷大主教斯蒂芬·朗顿和谋臣们的逼迫下签署了《大宪章》（*Grande Charte*）。根据这份文件，国王承诺遵守封建法，且贵族的审判也始终遵循法律程序。此后，这项条款的适用对象扩大到王国内的所有臣民，意味着任何人都不应在未经审判的情况下被囚禁。《大宪章》确定了国王、诸侯（领主）和司法行政机构之间的关系。此外，《大宪章》规定成立一个由25名贵族组成的委员会，专门负责监督国王是否守信。然而，贵族们的施压稍一减轻，“无地王”约翰就反悔了，并要求《大宪章》必须获得教皇的批准。在等待教皇英诺森三世回信的期间，“无地王”约翰开始寻求部分官员、雇佣兵头领和一些死忠者的帮助，其中就包括彭布罗克（Pembroke）伯爵威廉·马歇尔（Guillaume le Maréchal），以致内战一触即发。教皇英诺森三世废除了《大宪章》并将大主教斯蒂芬·朗顿革职，去除反叛贵族首领的教籍，并褫夺其伦敦的职权。事实上，这是教皇经常采取的政治手段，通过禁止个人或团体进行时辰礼仪、接受祝圣和举行宗教安葬仪式来施压，以达到目的。

到了1216年3月，贵族们决定将英格兰王位献给法兰西国王路易八世（Louis Ⅷ），他的妻子卡斯蒂利亚的布兰卡（Blanche de Castille）是亨利二世·金雀花的外孙女。路易八世欣然接受，并立即启程前往肯特郡（Kent）。“无地王”约翰闻讯立即起身逃离沃什（Wash）沼泽，但他携带的金银财宝却在途中被潮水吞噬。1216年10月19日，“无地王”约翰在诺丁汉郡（Nottinghamshire）的纽瓦克（Newark）染痢疾身亡。这样，拯救英格兰王室的艰巨任务落到了威廉·马歇尔肩上，而这位骑士于1216年10月28日成功令“无地王”约翰的儿子、年仅9岁的亨利三世（Henri Ⅲ）在格洛斯特（Gloucester）加冕。为了缓和王室与贵族之间的关系，威廉·马歇尔提议恢复《大宪章》，但要删除其中关于监督委员会的条款。与此同时，威廉·马歇尔甚至找准机会于1217年5月20日在林肯郡（Lincoln）

的巷战中击败了法军，此时也传来了休伯特·德·伯格（Hubert de Burgh）在三明治[36]（Sandwich）战役中全歼路易八世海军的消息。与法兰西签订和平协议后，英格兰终于能够以自信和平和的态度展望未来。

在亨利三世成年前，英格兰王国由威廉·马歇尔摄政管理。1219 年威廉·马歇尔死后，国家事务主要由教皇特使潘多夫（Pandolphe）、温切斯特（Winchester）大主教彼得·德·罗什（Pierre des

[36] 三明治，中世纪英格兰东南部肯特郡的一个小镇，也是食物三明治的发源地。——译者注

[37] 信仰教理部，简称信理部，原名圣职部，1966 年改为现名。——译者注

英格兰君主

这组 15 世纪的雕塑呈现的是英格兰诺曼王朝的几位君主，从“征服者”威廉到“无地王”约翰。现藏于约克大教堂。

卡尔卡松（第 164—165 页）

卡尔卡松（Carcassonne）是拥有三层城墙的堡垒，驻守的卡特里派信徒于 1209 年向西蒙·德·蒙福尔投降。1280 年，法兰西国王腓力三世（Philippe Ⅲ）将外城墙最高塔之一的宗教裁判所塔赠与了罗马教廷信仰教理部[39]（Saint Office）。

Roches）和大法官[38]（justicier）休伯特·德·伯格共同把持。在经历了一段时间后，英格兰才渐渐走出内战的阴霾。直到1224年，“无地王”约翰的独裁代理人法尔克斯·德·布雷奥泰（Falkes de Bréauté）遭驱逐后，英格兰王国才回归了真正的宁静。但好景不长，1232年亨利三世修改政体的决定又打破了稳定的局面。

基辅罗斯公国

1015年弗拉基米尔一世大帝（Vladimir Ier le Grand，全名弗拉基米尔·斯维亚托斯拉维奇）去世后，罗斯（Russie）的历史就与拜占庭联系在了一起——其文化深深地影响了罗斯的基督教。事实上，希腊僧侣几乎无一例外地被授予基辅（Kiev）都主教[39]（métropolite），而这是罗斯东正教会的最高级别头衔。

当时，罗斯还是一个贵族统治的农业社会，自由农民和农奴在庄园的组织结构中扮演着重要角色。贵族阶级以波雅尔（boyar，领主）为代表，其成员可能来自德鲁日纳（druzihna，亲兵）和类似日耳曼从事团（comitatus，一种军事共同体）的罗斯领主，也可能是出身拥有大量土地的富有中产阶级。弗拉基米尔二世·莫诺马赫（Vladimir Ⅱ Monomaque）只用了一代人的时间就夺回了权力，他的外号“莫诺马赫”（意为独行侠）得自其外祖父拜占庭的君士坦丁九世（Constantin Ⅸ）。弗拉基米尔二世·莫诺马赫曾是佩列亚斯拉夫尔（Pereslav）王公、斯摩棱斯克（Smolensk）王公、罗斯托夫（Rostov）王公（prince），后来还继承了基辅罗斯（Rus′de Kiev）大公（grand-prince）之位；他编写的家训《莫诺马赫训诫书》（*Bréviaire du prince*）中记载了众多战役的概况，而后来继承基辅大公之位的是他的孙子罗斯季斯拉夫一世·姆斯季斯拉维奇（Rostislav Ier Mstislavich）。

1169年罗斯季斯拉夫一世死后，苏兹达尔（Souzdal）王公安德烈·博戈柳布斯基（Andreï Bogolioubski）攻占基辅并建立政权，将王公府邸设在弗拉基米尔（Vladimir）。此时，基辅虽然保留着大都市的地位，但它的影响力已大不

[38] justicier，原指宫廷法官，后演变为皇家法庭审判官。——译者注

[39] 都主教，基督教高级主教的职衔。罗马帝国时代指大城市或大都会的主教，9世纪后成为大主教的尊称。今指各教省首都的主教。——译者注

一代传奇威廉·马歇尔

首位彭布罗克伯爵威廉·马歇尔的第一项壮举就是以骑士身份保护阿基坦的埃莉诺，抵御吕西尼昂的居伊的进攻。

在他传奇的一生中，曾担任英格兰国王“幼王”亨利的老师，多次赢得比武大会的胜利，并作为圣殿骑士团成员参加过十字军东征。

插图　伦敦圣殿教堂的威廉·马歇尔石棺卧像。

如前。安德烈·博戈柳布斯基的子孙们，尤其是罗曼大帝（Roman le Grand，1168—1205 年在位），实现了对罗斯和伏尔加河上游地区的绝对统治，随后开始向东扩张。罗曼大帝与伏尔加河中游的保加利亚人（Bulgares）进行贸易，并按照格鲁吉亚人（Géorgiennes）和亚美尼亚人（Arméniennes）的传统开展了建造石制教堂运动。不过，随着来自东方的可怕敌人——蒙古人（Mongols）的到来，当地所有的内部矛盾都烟消云散了。

12 世纪中叶，蒙古高原诞生了历史上最著名的军事家——铁木真（Temüjin）。在经历了一系列战争之后，铁木真成功统一了蒙古，同时征服了周边的突厥部落，包括阿尔泰（Altaï）金山的鞑靼人（Tatars）。当时，西方人（Occident）认为蒙古人是来自“地狱”（Tartares）的侵略者，因此将他们称为鞑靼人。在 1206 年召开的忽里勒台大会（kuriltai，古代蒙古及突厥民族的军政议会）上，诸王和群臣为铁木真献上尊号“成吉思汗”。此后，铁木真开始攻打中国北方的金朝，但其在

骑士

骑士向特定的阶级效忠：他们直接效忠于领主，并严格遵守骑士宣言。这幅马修·巴利斯[42]（Matthew Paris）所著《大编年史》（*Chronica Majora*）中的插画，描绘了著名骑士威廉·马歇尔之子、第三位彭布罗克伯爵理查·马歇尔（Richard le Maréchal）在1233年的蒙茅斯（Monmouth）战役中与吉讷的鲍德温（Baudouin de Guînes）交锋时的情景。现藏于剑桥大学基督圣体学院。

胜利后并没有直接南下攻打宋朝，而是将旌旗指向了西方。当时，蒙古军队甚至远征到了伊拉克境内的扎格罗斯山脉（Zagros）。

1227年铁木真去世后，其子窝阔台（Ögödei）继任大汗。在次年举行的忽里勒台大会上，各部落首领认可了这一权力的交接。窝阔台定都哈剌和林（Karakorom，今哈拉和林），正是在他的统治下蒙古真正开始了西征。1236年，蒙古大将速不台（Sübötei̇）征服了保加利亚地区。四年后，速不台率军攻打基辅，被攻陷后的城池沦为一片废墟。窝阔台的侄子拔都（Batu，术赤次子）分兵两路：一路军队向波兰行进，

[40] 马修·巴利斯，13世纪英格兰编年史家，因其在巴黎求学，故又称“巴黎的马太”。——译者注

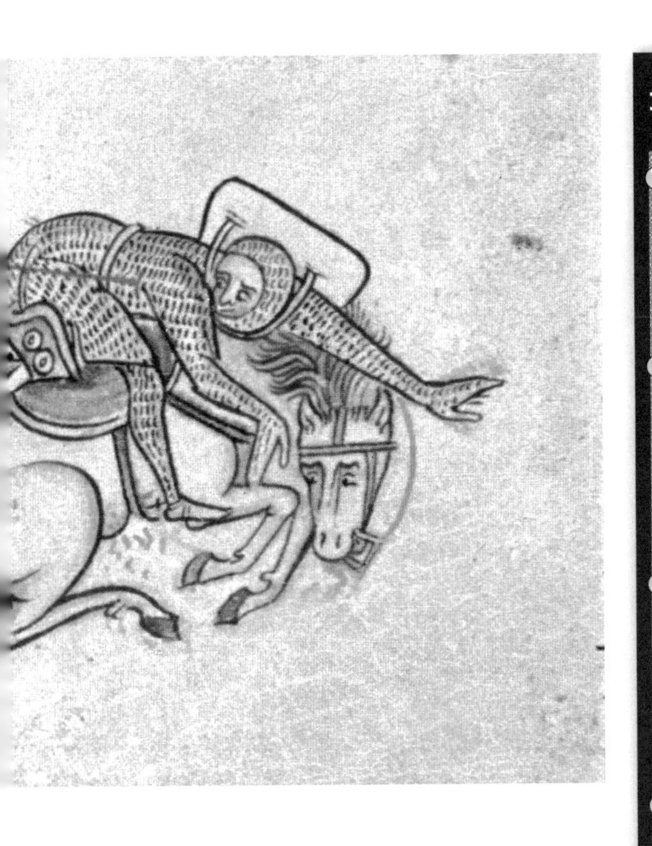

沿途与西里西亚公爵亨利（Henri de Silésie）交手，并于1241年在莱格尼察（Legnica）击溃了条顿骑士团大团长，然后继续向南方的摩拉维亚（Moravie）和匈牙利挺进；另一路军队在窝阔台的指挥下穿越喀尔巴阡山脉（Carpates），深入匈牙利腹地。1241年4月11日，蒙古大军在绍约河（Sajó）附近的穆希（Mohi）击败了匈牙利国王贝拉四世（Béla Ⅳ）。就这样，匈牙利和克罗地亚在毫无还手之力的情况下就被灭国了。

[41] 多尔戈鲁基，基辅大公，全名尤里一世·弗拉基米罗维奇，基辅大公弗拉基米尔二世·莫诺马赫的第七子。——译者注

12世纪罗斯和它的东方邻居们

1103年

击败钦察（Coumans） 罗斯人击败了这个居住在黑海北部和伏尔加河（Volga）畔的东突厥游牧部落。

1113—1125年

弗拉基米尔二世·莫诺马赫 他曾击败钦察，并与利沃尼亚（Livonie）和芬兰（Finlande）交战。同时，他还留下家训《莫诺马赫训诫书》。

1136年

诺夫哥罗德（Novgorod） 该城的势力集团首领推翻并驱除了其君主，成为独立于基辅公国的寡头共和国。

1169年

安德烈·博戈柳布斯基 他夺取基辅之后，自称“罗斯王公之长”（grand prince de toutes les Russies），但后来被反对他的廷臣刺杀。

1175—1212年

弗谢沃洛德三世（Vsévolod Ⅲ） 刺杀安德烈·博戈柳布斯基的波雅尔（领主）们，未能阻止尤里·多尔戈鲁基[43]（Yuri Dolgorouki，意为长臂者）的另外一位儿子弗谢沃洛德三世夺权。

1204年

基辅的末日 第四次十字军东征期间，君士坦丁堡的陷落加速了基辅的衰落，城池被罗斯人和蒙古人洗劫。

基辅罗斯的兴衰

罗斯[42]（Rus），中世纪作品中译作 Russie，是东斯拉夫人的土地上的一个公国。罗斯于 860 年左右建立，13 世纪中叶灭亡。在此期间，罗斯曾分裂为多个小公国。

在弗拉基米尔一世·斯维亚托斯拉维奇（980—1015年在位）及其子雅罗斯拉夫（Iaroslav，1019—1054年在位）的统治下，罗斯经历了一段辉煌时期，整个国家皈依基督教，最早用西里尔字母[43]（alphabet cyrillique）书写的文献也出现了。由于未遵循长子继承制[44]，罗斯逐渐走向分崩离析的道路：相比和兄弟姐妹共治，继承者们更愿意建立独立的王国。在全盛时期，罗斯的版图东至伏尔加河，南至黑海，西至波兰王国，北至后来的立陶宛（Lituanie）大公国。9世纪，基辅成为罗斯的首都。罗斯国内的文化和种族十分多样，有斯拉夫人、日耳曼人、芬兰人、乌戈尔人（Ougriens），以及来自波罗的海地区的居民，尤其以三个现代斯拉夫民族——俄罗斯人、白俄罗斯人和乌克兰人的人数为最多。

插图 11世纪诺夫哥罗德圣索菲亚大教堂铜门上的装饰。

弗拉基米尔二世·莫诺马赫

弗拉基米尔二世·莫诺马赫王子时期的护身符，他也是最早使用俄语写作的文学家。现藏于圣彼得堡俄罗斯博物馆。

在蒙古人积聚力量准备向西方发起下一波攻势之际，窝阔台病逝，大汗的位置迎来了真空期。拔都和大将速不台迅速赶往哈剌和林参加忽里勒台大会。此后，蒙古人彻底放弃了征服欧洲的计划，被蒙古人蹂躏的波兰和匈牙利花了数十年的时间才恢复元气。不过，罗斯仍在蒙古人的统治之下。拔都在下伏尔加河畔的萨莱（Saraï）修建宫殿，并建立了金帐汗国（Horde d'Or，钦察汗国）。

[42] 罗斯，中世纪时被蒙古人转音称为 Russie（俄罗斯），非 16 世纪 30 年代形成的俄罗斯。——译者注

[43] 西里尔字母，即斯拉夫字母，由拜占庭帝国基督教教士西里尔（Cyril，或 Kyrillos，827—869）创制。——译者注

[44] 基辅罗斯法律赋予所有王子继承权，出现了弗拉基米尔公国等一批公国。——译者注

腓特烈二世

腓特烈二世绰号“世界惊奇”（Stupor Mundi），但其继位时获得的双份遗产给他带来了不少麻烦。腓特烈二世出生于安科纳（Ancône）附近的耶西（Jesi），在巴勒莫（Palerme）度过童年，并从母亲的西西里的欧特维尔家族继承了诺曼人的个性和权利意识。另外，腓特烈二世又从父亲的霍亨斯陶芬家族汲取了统一帝国的理念，他的祖父“红胡子”腓特烈（腓特烈一世）曾计划建立“意大利王国”（regnum italicum），而他的父亲亨利六世也设想通过占领亚得里亚海、拉文纳和安科纳控制整个地中海地区。因此，腓特烈二世的做事风格更倾向于诺曼-西西里式。曾支持先皇“红胡

科斯坦察女皇

神圣罗马帝国皇帝亨利六世的妻子、腓特烈二世的母亲科斯坦察是西西里王国的摄政、匈牙利女王和阿拉贡公主，逝世于1222年并葬在巴勒莫大教堂。

插图 科斯坦察的石棺。

子”腓特烈的贵族们难以接受腓特烈二世政府过于激进的专制风格，他们所关心的只有自身利益和左右皇位继承人选的能力。在上位后的最初几年，腓特烈二世在教皇[45]的支持下成功亲善了一部分有影响力的贵族，于1216年被选为“罗马人民的国王”，随后于1220年4月在法兰克福（Francfort）加冕为神圣罗马帝国皇帝，整个过程没有招致太多的反对之声。作为回报，腓特烈二世在《神圣诸侯契约》（*Confoederatio cum principibus ecclesiasticis*）中做出了不小的让步，包括放弃建造防御工事，强制各城市执行宪章和为教会征收新税赋等权利。

[45] 腓特烈二世统治初期，相继得到教皇英诺森三世以及继任者洪诺留三世（Honorius Ⅲ，又译霍诺留斯三世，1216—1227年在位）的支持，后者为其加冕神圣罗马帝国皇帝。——译者注

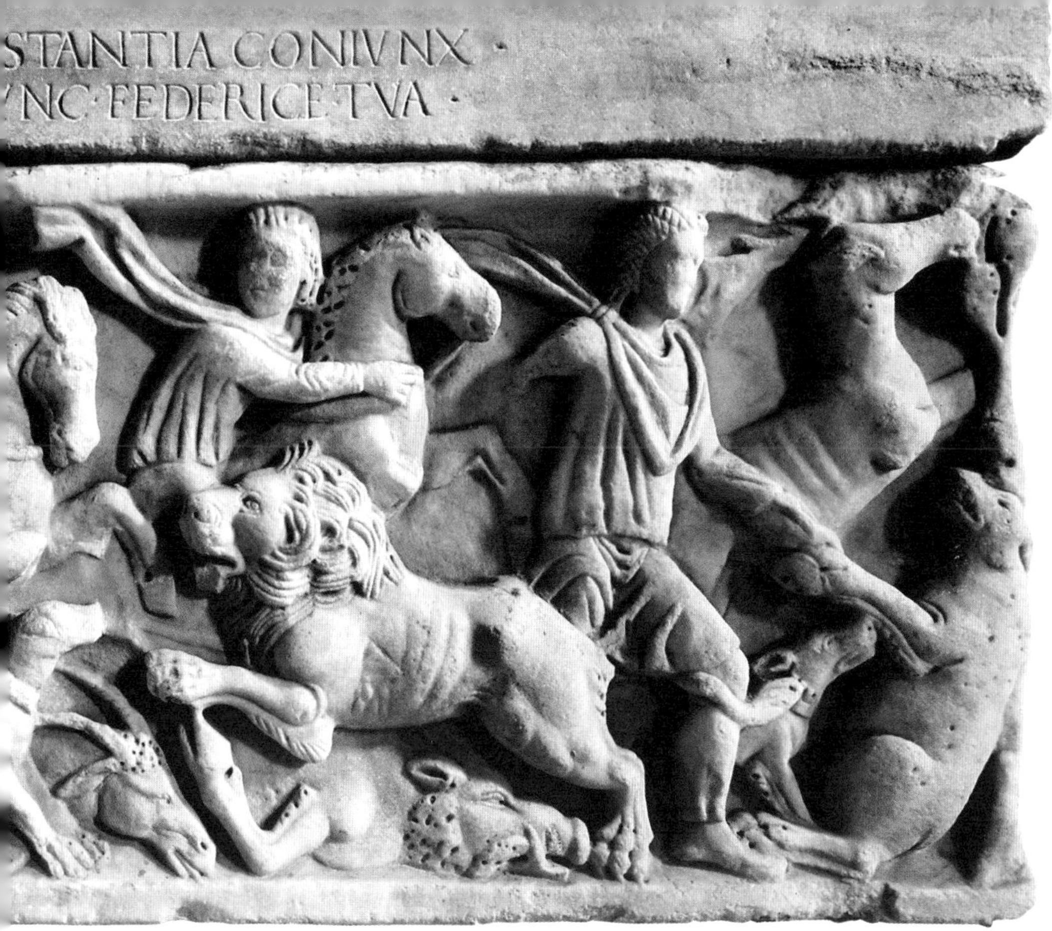

同年11月22日，已加冕为皇帝的腓特烈二世承诺发起第五次十字军东征，随后回到西西里并开始重建这座诺曼王国。此间，腓特烈二世得到两位能人的鼎力相助，一位是贝内文托的罗弗雷多（Roffredo de Bénévent），另一位是出身寒门的卡普阿（Capouan）居民皮埃尔·德·维涅阿（Pier della Vigna，或 Petrus de Vinea），毕竟王国的革新并不是一朝一夕的事，需要长期艰苦卓绝的努力。在完成了主要工作后，腓特烈二世于1231年9月1日在梅尔菲（Melf）颁布了拉丁语起草的《奥古斯都之书》（*Liber Augustalis*，《梅尔菲宪章》），该文件在《查士丁尼法典》（*Droit Justinien*）的基础上做出深度改革，并依靠地方官员组成的高效网络组建稳定的国家。这样，封建机构从属于皇家官僚机构，由各部组成的官僚机构同时也受到严格控制；帝国内的11个省份各拥有一位大法官和一位内务大臣，分别负责刑事和民事的裁决。城市得到了发展，地位更加稳固的资产阶级也越来越多地参与到王国的政治中；税赋的削减和一年一度的商品交易会也为农业和商业注入了活力。腓特烈二世还在西欧铸造和发行了金币。

尽管政府工作十分高效，但其施政仍然在西西里的诺曼王国以外地区酝酿了一些不和谐的因素。腓特烈二世几乎无法在意大利其他地方施行自己的方针，如伦巴底就拒绝设立执政官（podestà）一职取代其他意大利城市的管理机构——行政院，此前该地区也没有类似的先例，而皇帝也无法削弱诸侯和贵族的权力。新法律虽然实用但太过复杂，最终腓特烈二世还是没能在其有生之年将其付诸实施。事实上，围绕政府的施政展开的争论从未间断，一直延续到近世。在即将战胜反对势力之际，腓特烈二世却于1250年12月13日在卡斯特尔菲奥伦蒂诺（Castel Fiorentino）的普利亚（Pouilles）病逝，而他的死为一个时代画上了句号，同时也标志着新时代的到来。

这个延续了数百年的新时代被深深打上了腓特烈二世的核心政治理想的烙印，即国家是一项有利可图的事业，或者用文艺复兴时期的说法——是一件艺术品。这位君主清晰地阐明了政治应服务于经济，且实践性应凌驾于精神和道德原则之上的观点。在那个政治动荡的年代，腓特烈二世为了巩固经济发展甚至坚定地采取了一些专制措施。

腓特烈二世传递的信息对人们产生了深刻的影响，即把统治城市或王国不同团体之间的分歧严格限制在政治层面。在国家如何参与经济生活的问题上，各方争论不休。在意大利，新势力迅速成名并取代了旧政治团体——简单按照支持者划分的“归尔甫派”（支持教皇，即教皇派）和“吉伯林派”（支持皇帝，即皇帝派）。自此，政治上的宿敌分为黑白两方，即后来文学作品中出现的“凯普莱特派”（Capulet）和“蒙太古派”（Montaigu），它们为后来掌控政治实权的商业寡头（oligarchies）的出现铺平了道路。在腓特烈二世死后的数十年间，热那亚、佛罗伦萨和威尼斯这三座欧洲经济重镇都出现了商业寡头，而这三座城市的模式逐渐被数十个其他欧洲城市和王国所借鉴。

这一时期的政治斗争促进了经济的繁荣，随之而来的是城市的扩张、艺术的兴盛和欧洲白话文学的诞生。经济繁荣带来的一个显著后果便是商人们开始对文化产生兴趣，他们开始进行简单的写作，并沉浸在阅读的快乐之中。此外，他们记录的从商经历（商业经验）日积月累形成了名副其实的商业著作（贸易条约），让后代们进入商界冒险之前就拥有可供参考的文献资料。

档案：城市生活与行会

虽然封建贵族阶级的消亡是一个漫长的过程，但城堡周边乡镇的出现以及手工业和市场的发展催生了城市生活。

商人们开始定居对中世纪城市的发展起到了举足轻重的作用。北欧城市的历史始于人们在行商定居点和工厂周边建造围墙，如科隆、雷根斯堡、凡尔登（Verdun）和那慕尔（Namur）都是这样发展而来，康布雷（Cambrai）、美因茨、兰斯、博韦（Beauvais）、努瓦永（Noyon）和图尔奈（Tournai）这些城市则是在旧时废弃的堡垒上重获新生。还有一些城市是在教会社区的基础上发展而来，如马格德堡（Magdebourg）、列日和维尔茨堡（Wurtzbourg）。不过，在意大利，城市的发展方式更加多样和充满活力。

从执政府到公社

11 世纪中叶，执政官（consulat）管理制度在意大利得到发展。执政官管理制度十分高效，对巩固城市中心起到了决定性作用，其中卢卡（Lucques）、比萨、米兰和热那亚率先采用，贝加莫（Bergame）、博洛尼亚、布雷西亚（Brescia）、摩德纳（Modène）和维罗纳（Vérone）也在 12 世纪初期相继跟进，而佛罗伦萨于 1138 年也采取了该制度。普选或遴选出的执政官通常由神圣罗马帝国皇帝任命，但随后他们很快就会通过宣誓从各集团中寻求支持。

城市发展大多基于以下三个经济层面。首先，繁荣和高度多样化的手工业催生了使用羊毛、布、皮革、铁和木材的工厂出现，从中创造了大量的资本。其次，远洋贸易也涉及大量的资金，因为地中海和波罗的海的贸易网络中运输着巨量的高价商品。最后，手工业和贸易产生的流动资本产生了投资需求，欧洲的银

中世纪手工业者（左图） 12 世纪描绘建造诺亚方舟（l'arche de Noé）的浮雕，现藏于赫罗纳（Gérone）大教堂回廊。

从交换货币到信用货币

中世纪的市场交易十分罕见。当时，经济封闭，而作为参考工具的钱币价值取决于铸造用的金属重量。13世纪，货币复兴的规模有限，钱币的数量只是略有增加。但到了13世纪末，一小部分拥有剩余农产品的富农出现了，他们像城市里的商人——新兴的资产阶级一样开始积聚财富。随着法偿[46]（cours légal，信用货币[monnaie fiduciaire]）的发明，贵族们将重新获得失去的权力。最早施行货币垄断的西西里国王鲁杰罗二世（1112—1154）是这个领域的先驱，即在西西里只能流通他铸造的钱币。随后，其他君主纷纷效仿，并都采取了类似的货币垄断政策：1154年，英格兰国王亨利二世；1160年前后，神圣罗马帝国皇帝“红胡子”腓特烈（腓特烈一世）；1170年后，伊比利亚半岛的基督教国家；1180—1223年，法兰西国王腓力二世·奥古斯都。14世纪施行的货币发行垄断，意味着对领地货币或地方货币的限制，以及对外国货币流通的禁止或控制。

插图 13世纪铸造的热那亚金币，现藏于帕多瓦博塔辛（Bottacin）博物馆。

行和金融政策都是为了满足这一需求而诞生，而整个过程需要稳定的货币提供保障。从13世纪开始，欧洲的主要城市热那亚、威尼斯和佛罗伦萨等推动了金本位制（étalonor）回归，并于1252年发行了弗罗林（Florin）——金币的前身。弗罗林金币的缩略字母f. 成为极具辨识度的标志，此后被荷兰人和奥地利人争相模仿。

公社（commune）的建立是为了衔接市政府和负责公共工程监督、物资供应等工作的各个机构。寻求改善生活条件的农村人口大量拥入城市，造成城市人口的激增，而自由和获得财富的机会吸引农村人口不断到来。朝圣活动为人口的增长提供了助力，因为许多朝圣者决定在朝圣之路沿线城镇定居。大规模的人口流动让街道和广场充斥着街头表演者、小贩和寻找工作的工匠，热闹非凡。教堂的大钟从13世纪末出现以来就一直决定着人们生活的节奏，钟声告知人们工作和休息的时间。

社会生活

城市复兴为社会生活的重建提供了有利条件，而此前在罗马帝国分裂时艰难存活下来的罗马社团——collegia（collegium的复数形式，古罗马人用来表

[46] 法偿，指具有法定支付能力的货币。——译者注

示行会）为中世纪行会（corporations）的形成奠定了基础。例如，6 世纪的文献资料中谈到了拉文纳的行会，也提及了面包行会、公证行会和商业行会；还有一些关于 9 世纪威尼斯的工匠协会和罗马菜农的资料。据零星的资料显示，当时的行会活动随着城市生活的衰落逐渐消失，但商业革命和农业发展需要市场来完成商品交换，导致行会活动又重新活跃起来。

在 11 世纪中叶，法兰西和法兰德斯的行会开始以慈善机构、同乡会和小团体的形式出现。在德意志，汉萨（hansen，德语，意为会馆或公所）则是由旧时严格遵守宗教清规戒律的村社（markgenosenschaften，德语）和地方互助会演变而来。12 世纪初，这些组织中有不少已经成长为职业或行业联盟，其权力甚至大到能与市政机构在城市控制权上一较高下。汉萨同盟在行会的基础上发展而来，到了 14 世纪时同盟创造了一个东起布鲁日、西至诺夫哥罗德的贸易网络。在巅峰时期（1370 年的《施特拉尔松德条约》[*la paix de Stralsund*]），汉萨同盟甚至能够制服当时的大国丹麦。

在英格兰，行会（guilds，英语，意为公会，中世纪指行会）最初只是为集资而凑到一起的，最早的行会可以追溯到 1093 年。随后，此类组织在王国各地不断涌现，尤其属羊毛领域数量最多。在此背景下，英格兰的羊毛贸易在法兰德斯、布拉班特省的阿图瓦（Artois），以及埃诺和默兹河（Meuse）沿岸城市也发展得不错。不过，如此规模的贸易自然需要与法兰德斯各大都市的精英们保持密切联系，因为他们不仅控制了纺织业行会，还垄断了商业和金融交易。

商人行会

中世纪最早出现的行会就是商人行会，行会成员只有独立的商人和工匠师傅，拒绝接受农奴和任何出身低贱者。行会的任务是保护其成员的活动并限制对外贸易，采取的手段就是对威胁到自身产品的商品征收重税。因此，所有外来商品在城市中的售价都由行会确定，而行会得到市政府甚至国王本人授予某行业产品垄断权的情况则屡见不鲜。例如，巴黎漕运商会就对所有经塞纳河运送的商品拥有绝对的垄断权。

和平时期的中世纪城市

迈入11世纪后，欧洲经历了一段繁荣时期，同时农业也在犁、铁器等技术创新（12—13世纪）的支持下得到迅速发展。在古罗马时期定居点基础上演变而来的城市（civitates，拉丁语）中聚集了农业和手工业贸易，并逐渐演变为真正的工商业中心；河运和海运也推动了新型经济的发展。

插图 右图，安布罗乔·洛伦泽蒂（Ambrogio Lorenzetti）的壁画《好政府》（*Bon Gouv*），现藏于锡耶纳市政厅。下图，12世纪描绘医药产品交易的浮雕，现藏于摩德纳市立艺术博物馆。

很快，主要的商业行会的实力就变得十分强大。它们交易的商品种类非常广泛，在大量采购原材料的过程中保障利益不受损失；它们还负责城镇的货物供给、垃圾清理、铺设街道、开辟道路、治理码头和为官道提供保护等。同时，审查市场、规范工资、工作及学徒的时长和条件、生产和销售的方法、材料和物品的价格也都由行会负责。此外，这些组织还对相关行业购买和销售的所有产品进行称重和统计，尽量将假冒伪劣商品排除在市场之外。

每个行会通常都拥有自己的建筑，但在13世纪末这些建筑变得更加复杂讲究。另外，行会建筑配备管家、

❶**教堂** 可以看到锡耶纳主教座堂圆顶黑色的钟楼和白色教堂，两座教堂都是13世纪的建筑。

❷**房屋和宫殿** 沿着建筑物，我们可以观察到人们日常生活的场景：浇花的妇女和猫……上方的房子更加高大，街道却很昏暗，而远离城墙的宫殿则展现了精致的建筑细节。

❸**作坊** 长廊上的裁缝店与鞋店很相似。制作床垫的作坊也面朝长廊，可以看到一位农民正在卸载装满羊毛的包裹。

❹**学校** 教会学校在大教堂的保护之下得以发展，而老师们在长廊里教学。

❺**市民** 可以看到骑马的新娘、在旅馆门前交谈的男人、跳舞的年轻人、两个农妇、赶羊到牧场的牧羊人等。

秘书、财务人员和接待人员等。行会还设有自己的裁判机构，并要求其成员在将争端诉诸国家法律处理之前先进行内部处理。行会还规定其成员有义务帮助生病或有困难的行会伙伴，并在彼此遭受攻击或被监禁时实施救援。行会还监督成员的行为举止和着装，如没有穿长筒袜参加会议的成员会受到处罚。

行会每年都会举办庆典向本行业的守护圣者致敬，并在简短的祈祷中拉开庆祝活动的序幕。行会也会参与城市教堂的维护和装饰以及游行的准备工作，还会建造医院、养老院、孤儿院和学校，为已故成员操办后事，并组织弥撒（messes，宗教仪式）拯救那些即将堕入炼狱的灵魂。

同业行会

手工业者行会按照商人行会的模式应运而生。在1099年的文献记载中，提到了英格兰的伦敦、林肯和牛津等城市的纺织行会，以及数年后出现的皮革、屠宰和金银器行会。在整个13世纪，同业行会在意大利（arti，行会名称）、德意志（zunfte，行会名称）和法兰西（métiers，行会名称）发展迅猛。当时，威尼斯有58家同业行会，热那亚有33家，佛罗伦萨有21家，科隆有27家，巴黎的行会数量更是过百。1254年，路易九世（Louis Ⅸ）时期的巴黎市长埃蒂安·布瓦洛（Étien ne Boileau）曾出版过介绍101家巴黎行会标准和规章的《行业大全》（*Livre des métiers*），书中呈现的工作划分之细致令人赞叹。例如，在皮革行业，有不同的行会分别负责剥皮、鞣革、缝补、马具制作和高级皮革。在细木工行业，也有制造箱子、小船、马车、桶以及橱柜、高级木器和车床的行会。每个行会严格地守护着本行业的秘密，在自己的领域设置门槛，让外行人无法轻易进入，并在遭到侵犯时诉诸法律。与宗教模式类似，同业行会也拥护各自的守护神，并渴望实现行业垄断。没有人能够独立于行会之外从事某种行业，行会的领袖每年通过集会选举产生，但往往是资历最深或财富最多者当选。

规则、服务和等级

行会的运转规则决定了工作条件、工资和价格，还限制了特定部门的老板数量，以及一个老板手下学徒的最大数量。行业禁止除老板娘以外的任何妇女就业，下午六点之后也不允许任何人继续工作。那些要价过高、实施欺诈性交易和提供劣质商品的成员会依规受到惩罚，同时行会常常将会徽印在产品上作为质量的保证。例如，布鲁日呢绒商会的一位成员就曾因将商会徽章印在劣质商品上而被逐出城。

行会反对旗下老板在产量和价格上进行竞争，但鼓励在质量上竞争。除了建造医院和学校，行会还会提供真正的社会服务，如提供担保，帮助有需要的成员，为出嫁的女子提供嫁妆并照料寡妇。此外，行会还投入人力、财力建造教堂，同时将自己的徽章和作品呈现在教堂的彩绘玻璃窗上。

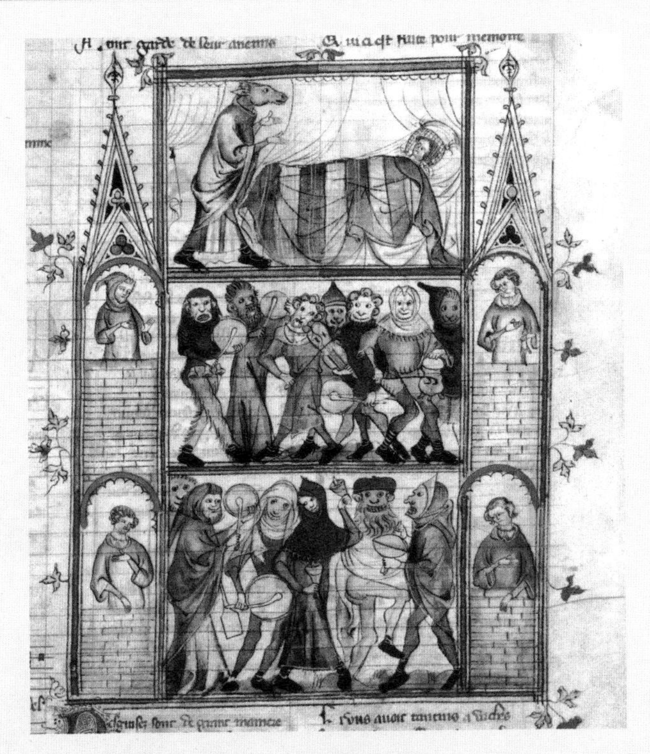

群众节日：异教徒遗产的基督教化

中世纪欧洲城市的公共节日大多源于古老的基督教传统。教皇圣格列高利一世（590—604年在位）吩咐前往英格兰的传教士完成异教徒节日和庙宇的基督教化，而欧洲大陆和世界其他地区的传教士也收到了同样的指示，这也是为什么异教徒的节日、庆典和泛灵教仪式都以基督教活动的形式载入罗马日历。凯尔特人在天主教神父的带领下完成迎神仪式后会来到海边祭祀圣牛，人们在庆祝活动中装扮成各种动物，而这种活动逐渐演变成狂欢节（Carnis vale，意为禁欲或禁肉）。在阿拉贡，鼓手们会在春季举行大型集会，而类似的活动在古希腊已经存在，这种在圣周[47]（la semaine saint）组织集会的目的是吓退从冥界回来的死者。法兰西北部的人们举办愚人节（la fête des fous），即耶稣受割礼或圣婴节（saints Innocents，12月28日），这期间的活动有面具大游行和愚人教皇选举。愚人节是效仿古希腊每年1月初举办的例纳节[48]——主题是纪念狄俄尼索斯，而这一习俗正解释了巴黎面具游行中为何会出现纪念罗马神话中酒神巴克科斯（Bacchus）的彩车。

插图 14世纪描绘狂欢节（Carnaval）的细密画，现藏于巴黎法国国家图书馆。

[47] 圣周，西班牙最盛大的节日，纪念耶稣受难、死亡和复活的节期，一般在复活节之前的一周。——译者注

[48] 例纳节，古希腊纪念酒神狄俄尼索斯的节日。——译者注

城墙内的农业集市 9世纪初，普罗旺斯（上图）铸造了自己的货币，而它当时是仅次于巴黎和鲁昂（Rouen）的法兰西第三大城市。中世纪，普罗旺斯拥有香槟区最重要的集市，四周长达1200米的防御工事建于1226—1314年并拥有22座塔楼。

老板们之间虽然维系着兄弟般的情谊，但行会内部依然存在明显的等级划分，其成员也会受到区别对待。位于最底层的是学徒，这些10—12岁的孩子们被父母寄养在老板家里，整天在作坊和家里为老板干活。作为回报，老板为孩子们提供食宿和衣服，并教授行业的相关技能。在学徒生涯的末期，老板还会给予学徒工资和工具。逃跑的学徒一经发现就会被送回主人那里接受惩罚，即使没有被发现，他们也永远不可能在行业内找到工作。学徒期满，这些人会作为伙计在不同的老板手下打零工。离开东家时，学徒会收到一笔能够让自己做点生意的启动资金。两三年后，攒下足够开店资金的学徒将接受行业的审查，对其技术能力进行评估，而成功通过审查的学徒就可以成为老板。有时，行业审查员会要求申请开店的学徒提交一份能够展现技术且具有说服力的“代表作”。

13 世纪，同业行会的数量不断增加，实力也持续壮大，成为平衡当时正在向工人贵族转变的商人行会的一股势力。同业行会不仅试图令老板的地位世袭下去和压榨工人的工资，还对想在城内安家者设置高门槛。这些组织与当时的社会完美契合，由于运输状况所限，货物难以流通到外地，资本的规模和流动性还无法支持大型企业的发展。但一旦资金到位，无论是商人行会还是同业行会，都将失去对市场和工作条件的管控。

伟大的基督教君主圣路易

13 世纪细密画，描绘的是圣路易（路易九世）和他的母亲卡斯蒂利亚的布兰卡。现藏于纽约摩根图书馆与博物馆。

插图（右侧） 路易九世的王冠，现藏于巴黎卢浮宫博物馆。

中世纪的巅峰

13 世纪下半叶发生了两件大事：一是教廷在与神圣罗马帝国的对抗中全面胜利；二是法兰西确立了西方第一强国的地位。安茹帝国控制了地中海的部分地区，但东方的叙利亚和巴勒斯坦的领土却经历了蒙古人的入侵、马穆鲁克大捷和阿卡围城后拉丁王国的末日。

中世纪法兰西的全盛时期与路易九世（被称为“笃信王”[roi Très Chrétien]或圣路易 [Saint Louis]）的执政时期重合，这并不是巧合。路易九世是法兰西最著名的国王之一，这主要得益于让·德·儒安维尔（Jean de Joinville）为他撰写的传记和国王亲自下令整理的大量皇家档案。路易九世遇到的第一件幸事就是得到母亲的摄政支持，而这位了不起的母亲是卡斯蒂利亚的布兰卡——卡斯蒂利亚国王阿方索八世和英格兰的埃莉诺之女，亨利二世·金雀花和阿基坦女公爵埃莉诺的外孙女。在丈夫路易八世去世后，卡斯蒂利亚的布兰卡在路易九世（1214—

巴黎圣礼拜教堂：路易九世的教堂

在国家深陷经济困境时，最后一位拉丁皇帝鲍德温二世（Baudouin Ⅱ de Courtenay）想要将耶稣的荆棘王冠和真十字架的残片卖给路易九世。路易九世花了两年时间验真这两件圣物后，将它们保存在后来的圣礼拜教堂中。最后，路易九世向鲍德温二世支付了13.5万里弗尔金币。

路易九世下令在巴黎建造一座配得上两件圣物的教堂，就这样诞生了一座伟大的教堂，但至今仍无法确认的是这座哥特式建筑的设计者是皮耶·德·蒙特厄依（Pierre de Montreuil）还是尚·德·谢耶（Jean de Chelles）。教堂仅主体结构（支撑拱顶的柱子）采用砖石砌筑，以便将尽可能多的空间留给彩色玻璃窗组成的“光之墙”（murs de lumière）。中殿的8个大型四拱窗、后殿的7个双拱窗和正面的圆花饰窗，绘有蓝色原野上的金色百合以及卡斯蒂利亚的徽章——红色条纹上的金色城堡。教堂内的绘画堪称旷世杰作，描绘了98个《旧约》的场景和14个《新约》的场景，其中最后一个场景为西侧圆花饰窗上的《启示录》。

插图 右图，圣礼拜教堂内景。左图，年轻的圣路易（路易九世）雕像，现藏于诺曼底迈讷维尔（Mainneville）城堡的小教堂内。

1270）成年之前一直主持朝政。卡斯蒂利亚的布兰卡向年幼的国王提出了不少好的建议，并对他进行了严格的宗教化教育。在路易九世的童年和青少年时期，法兰西正经历着经济、社会和文化的大变革。当时，由于法兰西的大学吸引了欧洲最优秀的思想家，巴黎也成为西方的知识之都，也是在那个时期宫廷文学重获新生，出现了中世纪最重要的作品之一——《玫瑰传奇》（*Roman de la Rose*）。

1234年，路易九世成年并正式开始了他的统治。路易九世的第一次行动就粉碎了由雷蒙-罗杰·特兰

圣礼拜教堂　圣礼拜教堂建于1242—1248年，包括两个叠加的教堂，一个为平民使用，另一个为国王和宫廷使用。

卡维（Raimond-Roger Trencavel）领导的卡尔卡松辖区叛乱，而这一事件也导致王室在朗格多克的领地实施高压统治。为了监视那些与卡特里派保持联系的贵族，国王路易九世新建和重建了一些堡垒，支持告密活动，并鼓励人们指控该地区的大贵族。路易九世对南部土地的觊觎，带来的间接结果是其与阿拉贡的海梅一世（Jacques Ier d'Aragon）签订了《科贝尔条约》（*le traité de Corbeil*）——除蒙彼利埃以外，整个朗格多克成为法兰西王室的封地；鲁西永（Roussillon）、塞尔达涅（Cerdagne）和加泰罗尼亚则回归阿拉贡。

圣路易的统治

在腓特烈二世与教廷针锋相对之际，路易九世虽然采取中立态度，但他发现很难完全置身事外。当教皇英诺森四世（Innocent Ⅳ）将神圣罗马帝国皇帝腓特烈二世逐出教会时，路易九世站在教皇一边指责腓特烈二世之子曼弗雷迪（Manfred）为篡位者，并积极支持自己的兄弟安茹伯爵查理一世（Charles d'Anjou）备战对那不勒斯和西西里的入侵。不管怎样，路易九世擅长调解的本事是出了名的，他关于法兰德斯和埃诺继承权提出的调解方案——《佩罗纳谅解》（*Dit de Péronne*，1256年）——被视为外交典范。相比自身的利益，这位路易九世国王更在乎基督教世界的和平，而这是众所周知的事情。

另外，路易九世对待穆斯林世界的态度则截然不同。这位骑士国王很快成为十字军国王，并在1248—1254年组织了第一次远征（第七次十字军东征）。路易九世下令建造艾格莫尔特镇（Aigues-Mortes）和港口，皇家舰队便从这里起航。这场战役的首要目标是埃及，因为控制埃及后圣地便唾手可得。然而，路易九世和手下军士于1250年战败被俘。在支付了高额赎金得到释放之后，路易九世仍执意继续十字军东征，直到他听闻摄政的母亲卡斯蒂利亚的布兰卡的死讯才返回。1254年，路易九世离开圣地。在接下来的数年里，路易九世一边通过建造圣礼拜教堂（Sainte-Chapelle）来装点巴黎，一边着手准备再次东征。最终，到了1270年，第八次东征的十字军兵发突尼斯，他们不仅准备将突尼斯打造成进攻埃及的基地，甚至还天真地希望能让穆斯坦绥尔（Al Mustansir）埃米尔改宗。但是，此举带来了致命的后果。饱受瘟疫和疟疾折磨的十字军士兵大批死亡，路易九世的儿子让·特里斯坦（Jean Tristan de France）也在8月3日病逝。此后，不堪重负的十字军内部哗变，路易九世本人也于1270年8月25日驾崩。路易九世的遗体因显圣而声名远播，而他本人也于1297年封圣。

条顿骑士与东方

起初，德意志向东方的扩张仅出于商业目的，所以过程比较平和。但到了13世纪初，不来梅（Brême）大主教的侄子里加的阿尔伯特（Albert de Riga）在教

楚德湖战役：冰上交锋

今爱沙尼亚和俄罗斯之间的楚德湖（lac Peïpous，面积 3500 平方公里，欧洲第四大湖），正是 1242 年条顿骑士团与诺夫哥罗德大公亚历山大·涅夫斯基斗争的舞台，前者是受教皇谕旨保护的日耳曼十字军，后者则是民族英雄和俄罗斯东正教的圣人。

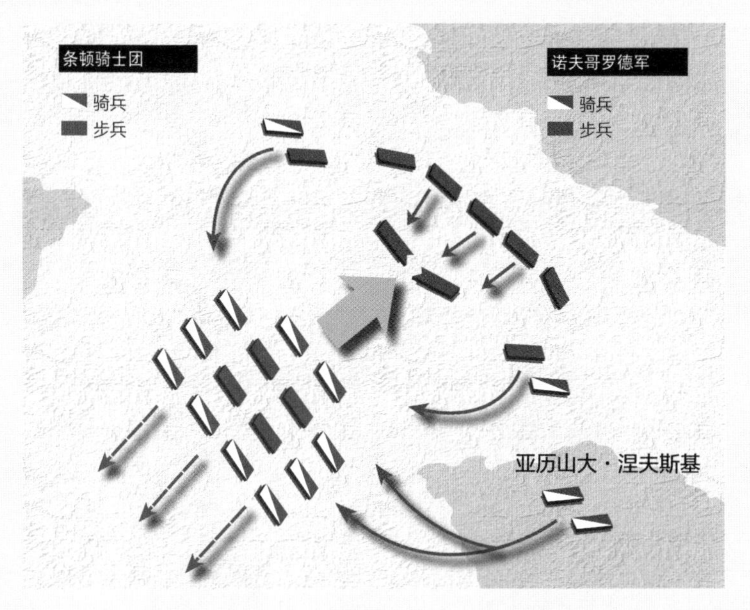

1240年7月，年轻的亚历山大在涅瓦河（Neva）之战中击溃了瑞典侵略者，为自己赢得了“涅夫斯基”（Nevski，意为涅瓦河的）的称号。1242年4月，在完成了对爱沙尼亚的劫掠后回程途中，亚历山大·涅夫斯基在圣彼得堡和爱沙尼亚边境附近的楚德湖畔杀得条顿骑士团措手不及。亚历山大·涅夫斯基成功伏击了对手，但拥有强悍胸甲骑兵的条顿骑士团也不会束手就擒。诺夫哥罗德步兵没有退却，他们决定将条顿骑士团困在湖上。蒙古弓箭手也作为亚历山大·涅夫斯基的盟军，埋伏在战场右侧。多尔帕特的赫尔曼率领骑兵发起冲锋，但蒙古人的弓箭让他们无法冲破防线。条顿重骑兵在与诺夫哥罗德步兵交锋时开始占据上风，此时亚历山大·涅夫斯基下令本部的骑兵发起冲锋。此时冰面在战马和盔甲的重压下开始破裂，一部分德意志和丹麦骑兵（约400人）被湖水吞噬。

插图 13世纪亚历山大·涅夫斯基的印章，现藏于莫斯科国家历史博物馆。

皇英诺森三世的资助下，率领十字军从吕贝克出发征讨利沃尼亚人（Lives，拉脱维亚人［Lettons］），并建造了里加城（Riga）。为了维护广大占领地区的稳定，里加的阿尔伯特在获得教皇允许的情况下组建了利沃尼亚骑士团（宝剑兄弟骑士团［chevaliers Porte-Glaive ou frères de l'Épée］），并像他们敌对的罗斯人一样致力于强迫异教徒改宗。在波兰领主和德意志殖民者的反对下，利沃尼亚骑士团陷入了十分困难的境地。里加的阿尔伯特与条顿骑士团大团长赫尔曼·冯·萨尔扎（Hermann von Salza）达成了协议，后者刚刚说服他的骑士们离开圣地回到匈牙利边境，并平息了他们对东征的渴望。于是，条顿骑士们满怀热情地接受了里加的阿尔伯特的请求，坚定地向北方领土（普鲁士）进发。

经过了数次艰苦卓绝的战斗，条顿骑士们很快占领了普鲁士，并建造了一些堡垒和城塞。不久，普鲁士边境的多瑙河畔和拉脱维亚边境的尼曼河（Niémen）畔也矗立起了一连串的城堡——这些建筑负责监视、拦截和延缓敌人的进攻，直到条顿骑士们到来。在这条防线的保护下，更多的德意志殖民者、贵族和农民愿意来此定居。库尔姆（Kulm）、梅默尔（Memel）、马林韦德（Marienwerder）和柯尼斯堡（Königsberg）等地的城镇居民都被迫强制改宗，同时又建起了数以百计的日耳曼和汉萨风格的村庄。

就在那时，普鲁士之旅（rese，意为旅行）开始流行起来，这是一种在冬天进行探险的传统，而当时的天气条件下适宜在冰冻的沼泽中进行。这是贵族在领地聚会时的娱乐活动，而战争通常在春天和夏天进行。在很短的时间内，利沃尼亚骑士团吸收了剑术骑士，但随后做出了一个致命的决定，即对罗斯北部的王子发动十字军东征。

1242 年，在里加东北利沃尼亚的楚德湖，信仰基督教的条顿骑士们遭遇信仰东正教的诺夫哥罗德大公亚历山大·涅夫斯基（Alexandre Nevski）率领的大军，而此一役以条顿骑士团的惨败而告终。从此，条顿骑士团向罗斯扩张的进程中断。与此同时，立陶宛人也趁势揭竿而起，他们藏匿在树林和沼泽地里，在大公明道加斯（Mindaugas）的带领下开始不断袭扰条顿骑士团。

至此，条顿骑士团迎来了至暗时刻。在经历了艰难的抵抗后，条顿骑士们终于能够在大公明道加斯和亚历山大 · 涅夫斯基去世的 1263 年开始反击。在随后的几年里，条顿骑士们采用极其暴力和残忍的手段吞并了波美拉尼亚（Poméranie）。之后，条顿骑士团迎来了自己的巅峰：大团长将自己的宅邸从威尼斯搬迁到了马林堡（Marienburg，波兰语 Malbork），骑士们从但泽（Dantzig，波兰语名格但斯克［Gdansk］）港向普鲁士出口小麦，并控制着波兰腹地的货物出口。波兰与条顿骑士团之间由此产生的争端，直到 15 世纪的坦能堡（Tannenberg，旧译坦嫩贝格）之战（又称格伦瓦德［Grunwaldem］之战，1410 年）后才得以解决。

贸易的发展

13 世纪下半叶，经济繁荣的最直观和最惊人的体现是欧洲商业的腾飞。这主要得益于公路网络和交通工具的改善，佩尔什马（percherons，一种重型挽马）牵引的重型马车的普及便是佐证。有了王国官员和大领主们提供的安全保障，跨越阿尔卑斯山的道路得以开通，使得意大利东北部（米兰、帕维亚、卢卡、普拉托、锡耶纳）和法兰西西北部（香槟、法兰西岛、莱茵河地区和法兰德斯）这两个最重要的手工业和工业活动中心之间从此有了陆路连接。

随着贸易的大幅增长，大型香槟酒集市应运而生，并迎来了它的黄金时代。香槟伯爵和 1284 年后被法兰西国王任命的官员负责裁决和维持集市秩序，由两名集市守卫组成的集市法庭（贸易法庭的前身）负责执法。

在教会人员的帮助下，守卫对达成的合同进行记录，并确认买卖或借贷文件的真实性，而其他专员则负责维持秩序。这一活动导致人们针对贸易法规的思维发生了改变。除了封建时期传统的个人担保之外，交易中还逐渐增加了证言和宣誓等环节。

为了规范贸易，当时的法律程序也变得宽松和简化。延期偿付的法令几乎被废除，高级法院也不再抽税。法官几乎不会拒绝受理案件，原因是没有人想拖延诉讼。对于运输的货物，商品通行证上会注明货物的属性，以及允许运输的距离和时长。例如，一份 1250 年的文件上记录了香槟集市的惯例：“领主对商人、商品和一天之内所有往来于集市的人负责，途中丢失的东西也由领主寻找并奉还。”

总而言之，香槟集市展现了陆地贸易的繁荣，同时也暴露出它的局限性。一年到头各种市集相继举行，如一、二月的拉尼（Lagny）集市，三、四月的巴镇（Bar）集市，普罗旺斯举办的圣让（Saint-Jean）集市（七、八月）和圣阿约尔（Saint-Ayoul）集市（九、十月），以及在十一、十二月在特鲁瓦（Troyes）举办的圣雷米（Saint-Remi）集市。集市上自然不乏商品交换，但它更是重要的金融市场：在这里，人们可以完成和敲定在其他地方起草的合同，兑换基督教各国的货币等操作。有学者认为，集市就是清算所（chambre de compensation）的初级形态。

霍亨斯陶芬家族的命运

1250 年 12 月 13 日腓特烈二世去世，以及 1268 年他的孙子康拉丁（Conradin，士瓦本公爵）在那不勒斯的公共广场上被处决这两个重要的时间节点，标志着霍亨斯陶芬王朝统一意大利并将其纳入神圣罗马帝国这一野心勃勃的计划的终结。

重要的事件接二连三地发生。腓特烈二世遗嘱的部分内容埋下了“吉伯林派”（皇帝派）分裂的隐患，与当年在托斯卡纳挑选霍亨斯陶芬伟大计划支持者的情形十分相似。腓特烈二世选定当时德意志已拥有“罗马人的国王”名号的康拉德四世为西西里王位的继承者，而自己的私生子曼弗雷迪（Manfred）受封塔兰托（Tarente），并摄政王国事务。由此，一段混乱的时期开启，各方为了帝国的控制权兵戎相见。

教皇（英诺森四世）利用混乱的局面将自己的人安放在此前被亲皇帝派（“吉伯林派”）的贵族占据的职位上，而 1254 年 5 月 21 日康拉德四世的驾崩令当时的局势更加危急。为了阻止同父异母的兄弟曼弗雷迪夺取王位，康拉德四世做出了一个既荒唐又危险的决定——委托教皇保护自己尚未成年的儿子康拉丁，而摄政的位置则留给了总督（Markgrafen）霍恩堡侯爵贝特霍尔德（Berthold de Hornburg）。至此，王国内部的三股势力开始针锋相对，即军队和行政机构的领袖贝特霍尔德、手下领主各怀鬼胎的曼弗雷迪、亲教皇英诺森四世（1243—1254 年在位）的城市和贵族。教皇希望康拉丁继承王位，曼弗雷迪成为摄政，但所有人都不满意这样的解

霍亨斯陶芬王朝

1138—1152年

康拉德三世 王朝第一位参与“归尔甫派”（教皇派）和“吉伯林派”（皇帝派）之间斗争的君主。

1152—1190年

“红胡子”腓特烈一世（腓特烈一世） 1159年开始与教皇对抗并在意大利北部建立政权，但随后败于伦巴底同盟。在十字军东征途中溺水去世。

1191—1197年

亨利六世 教皇塞莱斯廷三世（Célestin Ⅲ）和“狮心王”理查都对他敬畏有加，但他将神圣罗马帝国皇位变为世袭的企图却失败了。

1198—1208年

士瓦本的菲利普（Philippe de Souabe） 被谋杀。

1120—1250年

腓特烈二世 这位王朝的末代君主占领了耶路撒冷，但被教皇英诺森四世和一些意大利城市同盟废黜，尽管他在死前一直手握权力。

1220—1235年

亨利七世 未被公认的国王。

1237—1254年

康拉德四世 1250年，从父亲腓特烈二世手中继承权力。

康拉丁：霍亨斯陶芬家族的末日

腓特烈二世死后，其子康拉德四世于1237年继承皇位。1254年，康拉德四世被教皇英诺森四世开除教籍，随后在身染疟疾去世时将皇位留给了年仅2岁的儿子康拉丁（Conradin）。

1265年，教皇克雷芒四世（Clément Ⅳ）将康拉丁开除教籍，然后派遣刚刚加冕西西里国王的安茹的查理[51]（Charles d'Anjou，查理一世）去对付他。在监护人曼弗雷迪死于贝内文托战役（1266年）后，日耳曼和西西里的贵族们吁请年仅14岁、与母亲巴伐利亚的伊莎贝拉（Isabelle de Bavière）一起住在巴伐利亚的士瓦本公爵康拉丁主政。1268年，康拉丁率军远征安茹的查理。日耳曼军队先后到达维罗纳和比萨，并在罗马获得了元老院成员卡斯蒂利亚的亨利（Henri de Castille）的支持。随后，大军继续向南前行，在阿布鲁佐（Abruzzes）群山中与安茹的查理遭遇。在阿奎拉（Aquila）附近的塔利亚科佐（Tagliacozzo），康拉丁的大军被击溃，他不得不落荒而逃。当康拉丁逃到拉丁姆（Latium）正准备登船时，一队罗马雇佣兵抓住了他，随后被押往那不勒斯并在集市广场被安茹的查理斩首。

决方法，再次出现了派别斗争。教皇英诺森四世在病榻上听闻了爆发多方混战的消息，而且势态已经严重到枢机主教们不得不推选出一位新教皇，史称亚历山大四世（Alexandre Ⅳ）。新教皇亚历山大四世得到了托钵修会，尤其是方济各会的支持。与霍亨斯陶芬王朝的继承权争夺相比，新教皇亚历山大四世更关心意大利出现的众多“异端”。

[49] 安茹的查理（1227—1285），即卡洛·安茹，那不勒斯、西西里国王（1266—1285年在位），法兰西国王路易九世的弟弟。——译者注

霍亨斯陶芬王朝 意大利巴里（Bari）附近比通托圣瓦伦丁（Saint-Valentin de Bitonto）主教座堂讲道台楼梯上的浮雕（下图），展现的人物有“红胡子”腓特烈一世、其子亨利六世、其孙腓特烈二世及其曾孙康拉德四世。

曼弗雷迪敏锐地捕捉到这一机会并在王国建立起统一政府，不仅除掉了贝特霍尔德，也限制了侄子康拉丁的权力。在接下来的几年间，曼弗雷迪在几位新上位的僭主之间巧妙周旋。然而，情况却急转直下：城市和乡村遍布鞭笞派[50]（fagellants）教徒，但教皇对此束手无策。

1261年教皇亚历山大四世去世时，枢机主教们决

[50] 鞭笞派，又称鞭身派，中世纪基督教的一个苦行派别，13世纪中叶出现于意大利北部，主张以皮鞭自笞忏悔。——译者注

马尔堡城堡（第195页）

马尔堡（Malbork）是条顿骑士团建造的军事堡垒。13世纪时围绕堡垒建造了一座城市，被称为玛利亚堡（Marienburg）。这座典型的中世纪城堡是现存最大的波罗的海哥特风格砖石建筑，位于今波兰维斯瓦河（Vistule）支流诺加特河（Nogat）右岸。

班贝格主教座堂

1007年，神圣罗马帝国皇帝亨利二世将班贝格（Bamberg）定为维尔茨堡教区的主教府。1012年，与哥特风格非常接近的罗马晚期风格的新教堂落成，而这座拥有数座高塔的建筑直到13世纪才最终成形。亨利二世皇帝及其妻子圣库妮根德（sainte Cunégonde，卢森堡的库妮根德）都安葬于此。

定推举一位最具有“政治手腕”的新教皇——出身特鲁瓦（Troyes）的乌尔班四世（Urbain Ⅳ）。新教皇乌尔班四世个性专横，他采取亲善法兰西的政策，并公开支持安茹的查理夺取霍亨斯陶芬王朝的权力。教皇乌尔班四世的出现，打破了腓特烈二世后继者之间本就脆弱的权力平衡。

1267年，年仅15岁的康拉丁成为“吉伯林派”（皇帝派）最后的希望。康拉丁虽然能力尚有欠缺，但他仍然凭借勇气和雄心组织了一支3000人的军队。1268年8月23日，康拉丁在塔利亚科佐与法兰西军队交锋，结果只能吞下苦涩的败果。1268年10月21日，被俘的康拉丁经审判后在那不勒斯被斩首。

公开处决君主是前所未有的事件，此前的欧洲人更是无法想象会发生类似的事情。事实上，这也是教廷与日耳曼皇帝对抗的必然结果：独立推选出的“无神”皇帝与教廷进行的长达两个世纪的意识形态斗争，最终导致君主以这种方式结束生命。同时，该事件也为后来查理一世[51]（Charles Ⅰer，1600—1649）在英格兰内战后被处决，以及路易十六[52]（Louis Ⅻ，1754—1793）在法国大革命期间被处决开创了先例。

鲁道夫·冯·哈布斯堡

康拉丁之死不仅切断了神圣罗马帝国与意大利之间的联系，还可能导致帝国的分崩离析。然而，在波希米亚、摩拉维亚、奥地利、施蒂利亚（Styrie）、克恩顿（Carinthie）和克拉尼斯卡（Carniole）等帝国领土上似乎没有人感受到这种危机，大家都忙于收拾腓特烈二世死后留下的烂摊子。同时，教皇格列高利十世（Grégoire Ⅹ）也迫不及待地想重新树立教廷的威信。

1272 年，康沃尔伯爵理查[53]（Richard de Cornouailles）之死让接下来的皇位选举变得危机四伏，两位候选人将对皇位展开争夺：一位是波希米亚国王普热米斯尔·奥托卡二世（Ottokar Ⅱ Premsyl），他统治下的布拉格（Prague）宫廷排场盛大，而他本人也被誉为“铁金国王”（le roi en or）；另一位是鲁道夫·冯·哈布斯堡（Rodolphe de Habsbourg，德语 Rudolf von Habsburg，哈布斯堡的鲁道夫，即鲁道夫一世［Rodolphe Ⅰer］），其姓氏来源于 11 世纪阿尔高（Argovie）地区的一座堡垒。1273 年 9 月，选帝侯们齐聚法兰克福，推选鲁道夫一世为下任皇帝。这样的结果，一方面是因为鲁道夫一世祖上遗产有限，不构成威胁；另一方面是因为其个人展现出的骁勇和才干。就这样，持续了二十三年的动乱时期结束了，而“大空位时代”（grand interrègne）也极大地削弱了神圣罗马帝国皇帝的威信。

[51] 查理一世，又译查尔斯一世，斯图亚特王朝的第十位苏格兰国王、第二位英格兰及爱尔兰国王（1625—1649 年在位），英国历史上唯一被公开处死的国王，欧洲历史上第一位被执行死刑的国王。——译者注

[52] 路易十六，法兰西波旁王朝第五位国王，法兰西波旁王朝复辟前最后一任国王，他既是法国历史上唯一被执行死刑的国王，也是欧洲历史上第二位被执行死刑的国王。——译者注

[53] 理查（1209—1272），英格兰国王“无地王”约翰一世次子，康沃尔伯爵，1257 年成为“罗马人民的国王”（德意志国王）。——译者注

鲁道夫一世：哈布斯堡王朝的建立

鲁道夫·冯·哈布斯堡（1218—1291，鲁道夫一世）是“智者”阿尔布雷希特四世（Albert Ⅳ le Sage）的长子和唯一继承人，是哈布斯堡（Habsbourg）家族的第一位皇帝，因此他也被视为王朝的奠基人。在鲁道夫·冯·哈布斯堡执政时期，他的权力范围已经覆盖了奥地利全境及各诸侯的领地。

哈布斯堡伯爵阿尔布雷希特四世在神圣罗马帝国与教廷的争斗中一直忠于霍亨斯陶芬家族，而腓特烈二世皇帝是阿尔布雷希特四世的长子鲁道夫一世的教父和监护人。因此，腓特烈二世给哈布斯堡家族封赏了许多土地作为忠诚的奖励。当父亲阿尔布雷希特四世在十字军东征期间去世后，鲁道夫一世经历了一系列武装冲突后成功继承爵位，接下来便逐渐开始扩张家族在阿尔萨斯和瑞士北部的领地。在完成了上西里西亚（Haute-Silésie）和瑞士德语区的大部分领土的征服后，鲁道夫一世与劳芬堡的鲁道夫（Rodolphe de Laufenburg）展开对峙并成功将其击败，随后占领了士瓦本。当然，选帝侯们心中理想的皇帝候选人不能太过强大，否则他就会忽视其他领主的意愿将皇位继承改为世袭。正是由于鲁道夫一世的军事实力不足，他在1273年被选为“罗马人民的国王”，但非神圣罗马帝国皇帝。依照惯例，当选的国王应前往罗马（Römerzug，罗马之旅）接受教皇的正式加冕才能成为皇帝，但出于对教廷的不信任，同时也拒绝向他国传递自己臣服罗马的错误信号，于是鲁道夫一世决定放弃这项仪式。

插图 位于施派尔主教座堂的鲁道夫·冯·哈布斯堡之墓。

奥托卡二世对选帝结果提出异议，准备对哈布斯堡家族的新皇帝鲁道夫一世宣战。鲁道夫一世在匈牙利国王拉斯洛四世（Ladislas Ⅳ de Hongrie）的帮助下，于1278年的杜恩克鲁特战役（la bataille de Marchfeld，又称马希费尔德战役）中一举击败奥托卡二世。与此同时，奥托卡二世“大波希米亚”的梦想虽然随之灰飞烟灭，但他仍然保留着不小的权力，而库特纳霍拉（Kutná Hora）银矿带来的财富使国王的地位得到巩固。与此同时，战场上的胜利奠定了哈布斯堡家族的基础，让鲁道夫一世能够大展拳脚。不过，鲁道夫一世没有采取激进的政策，而是以宽容的态度将波希米亚让与了奥托卡二世之子瓦茨拉夫二世（Wenceslas Ⅱ）。当时，年仅11岁的瓦茨拉夫二世很快就成为邻国眼中待宰的羔羊，包括勃兰登堡（Brandebourg）、波兰和西里西亚（Silésie）等都对波希米亚这片土地虎视眈眈，于是鲁道夫一世将女儿嫁给了瓦茨拉夫二世，并让自己的三子迎娶了年幼的波希米亚国王的妹妹。

1281年，鲁道夫一世制定了一项涉及巴伐利亚、法兰克尼亚（Franconie）、上士瓦本（Haute-Souabe）和莱茵河地区的和平法令，目的是通过和平、合法的统治让贵族们臣服。不过，鲁道夫一世在北部地区的影响力很小，其权力仅流于形式。在西北部地区的情况也类似，林堡（Limbourg）公爵继承权争夺和科隆大动乱直接导致了沃林根（Worringen）战役的爆发。除本家族领地之外，鲁道夫一世施政最成功的地区当数图林根（Thuringe），他在那里成功摧毁了数座堡垒，也处决了20多名被判处抢劫和盗窃的贵族。不过，这一举措也迫使鲁道夫一世移居埃尔福特（Erfurt）。

鲁道夫一世的主要目标是为家族开疆扩土。为此，鲁道夫一世准备恢复阿尔勒王国（Arles）并将它赐予幼子哈特曼（Hartmann），然而1281年幼子的溺亡让这一计划早早夭折。在拉斯洛四世于1290年被暗杀之后，鲁道夫一世曾准备率军攻打匈牙利，最后也未能成功。不过，这些计划让鲁道夫一世不断在帝国四处疲于奔命，消耗了他自身的实力。1291年，鲁道夫·冯·哈布斯堡在施派尔去世，并葬在当地的主教座堂内。另外，鲁道夫·冯·哈布斯堡的墓穴在弗朗茨·约瑟夫一世（François-Joseph Ier）统治时期得到修复，并一直保存至今。

两个世界之间的斯堪的纳维亚

13世纪下半叶，斯堪的纳维亚经历了政治和社会层面的深刻变革。正如丹麦的封建制度发展趋势紧跟德意志和法兰西一样，瑞典也在仿效丹麦的做法，而1249年对芬兰的征服更加推进了这一运动。福尔孔王朝（la dynastie Folkung，瑞典封建王朝）的第二位国王马格努斯·拉杜洛斯（Magnus Ladulas，马格努斯三世［Magnus Ⅲ de Suède］）颁布了加强国王与军队关系的《皇家和平法令》（*Décrets paix royale*），制定了骑士法则，并向这些披坚执锐为王国效忠者给予税收减免。在挪威，效仿英格兰治安官（sheriffs，英语）制度建立的皇家官员任命制度逐渐普及，每个辖区都有一名负责的官员。——上述王国都曾试图成为世袭君主国。

在人口快速增长和畜牧业发展的基础上，整个区域迈入繁荣时期。鲱鱼和鳕鱼的捕捞刺激了大规模贸易网络的发展，然而这类贸易网络并非由当地人控制，而是掌握在波罗的海的汉萨同盟手中。1282年，丹麦贵族逼迫当时的国王埃里克五世（Erik Ⅴ）签署宪章，规定每年举行一次贵族会议，并禁止在法律框架外施加惩罚。此后，国家的重组也让当地人与易北河（Elbe）以东的德意志诸侯之间搭建了繁荣的贸易之桥。

安茹家族在地中海的势力

1261年，乌尔班四世登上教皇宝座，腓特烈二世的私生子曼弗雷迪失去了教廷的支持。在此背景下，路易九世有意将其弟安茹的查理引入意大利政坛。安茹的查理与乌尔班四世之间进行了漫长的谈判，一方面教皇对过于强大的盟友仍然十分忌惮，另一方面安茹的查理也不满足于仅仅成为教廷的棋子。在"归尔甫派"（教皇派）的支持下，安茹的查理还是有惊无险地当选为罗马元老会议员。

1264年10月乌尔班四世去世，法兰西国王路易九世终于可以着手将霍亨斯陶芬家族（曼弗雷迪）赶出意大利并迎接安茹家族（安茹的查理）的到来，为此他已经盘算和准备了许久。路易九世的前任掌玺大法官居伊·富尔克（Guy Foulques）

继任教皇（称克雷芒四世［Clément Ⅳ］）后，势态加速发展。这场征服是经过精心准备的，法兰西远征军甚至获得了十字军的身份。同时，法兰西的牧师们捐赠了十分之一的收入，托斯卡纳的银行家们预支了余下的部分，让安茹的查理能够在普罗旺斯装备军队。

安茹的查理的计划相对简单：由于水路遭到曼弗雷迪的封锁，大部队只能从伦巴底和罗马涅（Romagne）进军，而他则在罗马静候主力部队前来。1266 年 1 月，由 5000 名骑兵和 2.5 万名步兵组成的大军抵达罗马。此后不久，安茹的查理的军队便在贝内文托击败了霍亨斯陶芬家族的军队，政治形势顷刻间反转。“归尔甫派”（教皇派）取得了托斯卡纳的绝对控制权，而“吉伯林派”（皇帝派）不得不仓惶逃离，其中大部分躲进了深山。然而，这场征服才刚刚开始，因为安茹的查理明白他必须打败腓特烈二世的另一个继承人——其孙康拉丁，而在塔利亚科佐取得的大捷加快了安茹的查理的军队占领那不勒斯王国和西西里王国的步伐。

经历了两次战役的胜利后，安茹的查理终于完成了对王国的控制，霍亨斯陶芬王朝再无人有实力对其构成威胁。曼弗雷迪的三个儿子虽然活着，但都被囚禁在那不勒斯的监狱中。即便是经常炫耀自己霍亨斯陶芬血统的卡斯蒂利亚国王阿方索十世（Alphonse X），也并不打算与安茹的查理或自己的兄弟路易九世作对。曼弗雷迪的长女科斯坦察（Constance）当

安茹的查理

安茹的查理是法兰西国王路易九世的弟弟，他在 1264 年废黜了那不勒斯和西西里国王霍亨斯陶芬家族的曼弗雷迪（康拉丁的叔叔），因此教皇克雷芒四世将西西里岛的王位奖励给了他。但是，巴勒莫和科莱奥内的西西里人和加泰罗尼亚人里应外合，在“西西里晚祷”后将安茹的查理驱逐出岛。

插图　安茹的查理坐像，现藏于罗马卡比托利欧（Capitole）博物馆。

“西西里晚祷”和安茹家族的终结

1282 年 3 月 30 日在巴勒莫（Palerme）和科莱奥内（Corleone）爆发的民众起义被称作“西西里晚祷”（Vêpres siciliennes），起义者正是利用晚祷的钟声袭击了来自法兰西的国王安茹的查理的军队。

教皇英诺森四世为准备远征拜占庭的安茹的查理加冕。不过，与安茹的查理相比，拜占庭在西西里的盟友要多很多。西西里当地希望摆脱法兰西人强加重税的贵族决定与加泰罗尼亚结盟，而在1262年迎娶了西西里女王科斯坦察的阿拉贡国王佩德罗三世（Pierre Ⅲ d'Aragon）也确实觊觎西西里。复活节星期一，或据13世纪史书记载为3月31日星期二，晚祷钟声响起之时，密谋者开始对安茹的查理的士兵展开屠杀，而当时身在墨西拿（Messine）的安茹的查理侥幸逃脱。起义军虽然建立了共和国，不过只维持了短短的四个月。这一惨剧发生后，安茹家族再也没能夺回西西里岛的控制权。

插图 19世纪画家米凯莱·拉皮萨尔迪（Michele Rapisardi）创作的油画，描绘了那段血腥的历史（“西西里晚祷”）。

时身处巴塞罗那，虽然她的丈夫是阿拉贡的继承人，但她的公公海梅一世（Jacques Ⅰ^{er}）对西西里岛毫无兴趣。简而言之，安茹的查理可以毫无顾忌地支持“归尔甫派”（教皇派）对抗“吉伯林派”（皇帝派），扩大自己在托斯卡纳各城市的影响力。不过，得势后的安茹的查理在西西里实施暴政，导致怀念曼弗雷迪统治时期仁政的臣民们逐渐开始唾弃这位新国王。

即便如此，安茹的查理仍梦想在东地中海建立一个帝国，就像巴勒莫的诺曼家族一直所期望的那样。安茹的查理说服他的兄弟路易九世带领十字军向突尼斯行进，而他自己则在拜占庭领土尤其在伯罗奔尼撒半岛采取了行动，建造了许多城堡。此外，安茹的查理还试图创建一个对抗

君士坦丁堡的大联盟，但教皇克雷芒四世的突然死亡却给这一计划蒙上了阴影。新任教皇格列高利十世（Grégoire X）来自意大利皮亚琴察（Plaisance)，是一位置身政治争议之外的人物。

1274年，教皇格列高利十世召开了一次主教会议，他希望在会上讨论三个基本问题：教会改革、东西教会的合并，以及再次发动十字军东征。然而，这一倡议让安茹的查理非常不满，因为倡议内容与他的野心和他建立新的地中海帝国计划背道而驰。此外，安茹的查理也对教皇支持鲁道夫·冯·哈布斯堡成为神圣罗马帝国皇帝的决定颇有微词，因为他更愿意看到奥托卡二世坐上皇位。此后，安茹的查理在与热那亚的战争中遭遇失败，不仅损失了大量

海梅一世征服马略卡王国

加泰罗尼亚海岸吹拂的密史脱拉风[56]（mistral）将海梅一世带到了马略卡岛（Majorque）南部的卡尔维亚（Calvià）。这位阿拉贡国王接连攻陷城池，最后到达了马约卡市（Madina Mayurqa，今帕尔马[Palma de Majorque]），并于1229年底攻下此城。

随后，许多穆斯林军人躲进了山林。阿拉贡国王海梅一世将一部分土地分封给了随军征战的贵族，而将领们则将战争视为有效的敛财手段，并认为此举可以增强部队的战斗力。海梅一世继续征服了梅诺卡（Minorque）和伊比萨（Ibiza）两座岛屿并建立了马略卡王国，此后其遗嘱认定马略卡为独立于阿拉贡的王国。在稳定了贵族和神职人员的关系后，海梅一世开始致力于发展王国内部的工商业活动，来自法兰西、马格里布、那不勒斯、格拉纳达（Grenade）、巴伦西亚[57]（Valence）、蒙彼利埃和加泰罗尼亚的犹太、基督教和穆斯林商人都在这里会聚。

插图 《圣乌苏拉的祭坛》（*Retable de sainte Ursule*），描绘了13世纪海梅一世对马略卡的征服。现藏于阿尔塔村（Artá）的圣安多尼（Saint-Antoine de Padoue）教堂。

金钱和资源，也让他征服东地中海的目标越发难以实现。为了维持高昂的战争支出，安茹的查理不得不提高西西里岛的税收，但此举进一步加剧了民众的不满。1276年，教皇格列高利十世的去世让安茹的查理如释重负，此后他就可以毫无顾忌地侵占拜占庭西部的土地。

1280年8月22日，当时的教皇尼古拉三世（Nicolas

[54] 密史脱拉风，法国南部及地中海沿岸冬季时吹的一种干冷强劲的北风或西北风。——译者注

[55] 巴伦西亚（Valence），又译瓦伦西亚，位于西班牙东南部的港口城市。——译者注

“征服者”海梅一世的军事行动 第一次远征始于1229年9月10日，从马略卡岛南部开始。

Ⅲ）因心脏病发作死于维泰博（Viterbe）的家中。继任的教皇马丁四世（Martin Ⅳ）是法兰西王室的老朋友，但事实证明他并不像安茹的查理希望的那样好说话。即便如此，安茹的查理还是准备对拜占庭帝国发动一次大规模远征，而此时真正的问题开始暴露出来。

1282年春天，安茹的查理成为欧洲最有权势的人，拥有的头衔包括那不勒斯、西西里、耶路撒冷和阿尔巴尼亚（Albanie）国王，普罗旺斯、福卡尔基耶（Forcalquier）、安茹和曼恩伯爵，阿卡亚（Acaya）公爵、突尼斯大领主和罗马元老会议员。但是，被自大蒙蔽双眼的安茹的查理忽视了一个事实，即他自己还没有强大到能够与整个欧洲为敌，而那些被他驱逐出西西里岛的人更是发誓要将他碎尸万段。那些流亡者中有不少逃到了巴塞罗那，他们中的乔瓦尼·达·普罗奇达（Jean de Procida，意大利语 Giovanni da Procida）在那里酝酿了一个大阴谋，决心要将安茹的查理赶出西西里岛。1282 年 3 月 30 日，即复活节星期一，双方的冲突终于爆发：随着晚祷钟声的敲响，西西里岛人民揭竿而起，袭击了驻守的法兰西官员。

伴随着“杀光法兰西人”的呼声，巴勒莫的民众当晚野蛮地屠杀了近 2000 人。随后，起义的星星之火燎原至整个西西里岛，直到安茹的政权全部撤离才平息。“西西里晚祷”发生后，安茹王朝在地中海的霸权逐渐消失。

“智者”阿方索十世

阿方索十世，卡斯蒂利亚和莱昂国王，同时也拥有无冕的“罗马人民的国王”头衔，称得上是 13 世纪欧洲的一位伟人。阿方索十世博学多才，喜欢结交学者和艺术家。1221 年，阿方索十世生于托莱多，父母是科尔多瓦和塞维利亚的征服者费尔南多三世（Ferdinand Ⅲ）与士瓦本的碧翠克丝（Béatrice de Souabe）。阿方索十世的出身也解释了他为什么能够参加神圣罗马帝国皇位的竞选，而他也一直为自己的霍亨斯陶芬血统感到自豪。在霍亨斯陶芬家族与教皇和法兰西国王的冲突中，阿方索十世曾不止一次威胁要为亲戚提供帮助，但最终并未付诸行动。

阿方索十世的政治生涯始于 1243 年，那年他率军取得大捷并攻占了穆尔西亚（Murcie）王国。随后，阿方索十世参与了葡萄牙内战，并差一点儿因教会立场问题与父亲费尔南多三世闹翻，因为其父并不愿意他介入此事。阿方索十世迎娶了阿拉贡国王海梅一世的女儿薇奥兰特（Yolande de Aragon，英语 Violant of Aragon），并在婚后的数年间定居在塞尔维亚等待继承王位。1252 年 5 月 30 日，费尔南多三世驾崩，阿方索十世正式继位。很快，阿方索十世召集群臣，重新掌控了当时微妙的局势。不过，阿方索十世制定的方针虽然是为了建立一个稳定的国家，但贵族们对这种创新并不买账，他们更愿意延续先王的政策。

阿方索十世积极投身立法活动并组织编纂了《七章法典》（*Siete partidas*，或者 *Sept parties*）和内容详实的《通史全集》（*Grande e general estoria*，或者 *Grande Histoire générale*），这些作品都为王权的树立提供了帮助。这位野心勃勃的君主还发起过对非洲的远征，并在 1254 年听闻表兄康拉德四世去世后为获得神圣罗马帝国的皇位频繁施展外交手腕。不过，阿方索十世的这些努力（ Fecho del Imperio，卡斯蒂利亚语）最终还是失败了。1257 年，在法兰克福召集的议会上，英格兰国王亨利三世的兄弟康沃尔的理查被选为新皇，加冕仪式不久后便在亚琛（Aix-la-Chapelle）举行。

阿方索十世坚信只有控制直布罗陀海峡（Gibraltar）附近的军事要地，才能保障王国的安全。1278 年，阿方索十世展开行动，试图将马林王朝[56]（Mérinides）的势力赶出阿尔赫西拉斯（Algésiras），但没有成功。几年后，阿方索十世在塞维利亚离世。

继承王位的是"勇敢王"桑乔四世（Sanche Ⅳ le Brave，1258—1295）。1291 年，桑乔四世与阿拉贡国王海梅二世（Jacques Ⅱ d'Aragon）在塞哥维亚（Ségovie）签署协定后继续对阿尔赫西拉斯展开围城，但此次军事行动的目的却与阿方索十世有所不同：他率军水陆并进进攻塔里法（Tarifa），并于 1292 年成功将其攻克。桑乔四世委托罗德里戈·佩雷斯·庞塞（Rodrigo Pérez Ponce）进行布防，该任务于 1293 年春被移交给阿隆索·佩雷斯·德·古兹曼（Alonso Pérez de Guzmán，"好汉"古兹曼［Guzmán le Bon］）。就这样，马林王朝在该地区盘踞了十八年后终被赶走，卡斯蒂利亚王朝控制了直布罗陀海峡。

[56] 马林王朝，13—16 世纪北非柏柏尔人建立的穆斯林王朝（1213—1554 年）。——译者注

“智者”阿方索十世：伟大的卡斯蒂利亚国王

阿方索十世爱好天文、占星、法律、文学、比较神学、史诗和普罗旺斯诗歌，在继位后继续致力于将更多的人口迁移至其父费尔南多三世此前攻占的领地上。阿方索十世于1221年11月23日生于托莱多，其母是士瓦本的碧翠克丝。1237年，年仅16岁的阿方索十世经历了人生的第一场战斗，对手是穆斯林大军。

科学活动 众所周知，这位君主非常热爱科学。

右图 阿方索十世星盘，现藏于马德里海军博物馆。

细密画　阿方索十世治时期宫廷著作《圣母利亚颂歌集》（*Códice o des Cantigas de Santa ía*）中的插画，现藏于斯科里亚尔（Escurial）道院图书馆。

❷ 版本　《圣母玛利亚颂歌集》是西班牙哥特风格细密画的里程碑，保留至今的有四册线装书抄本。

❸ 阿方索十世　至少有十首颂歌是国王阿方索十世的作品，加利西亚吟游诗人埃拉斯·努涅斯（Airas Nunes）可能编写了其中大部分诗歌。

❹ 音乐堂　阿方索十世继承了父亲费尔南多三世的音乐堂，并将拥有不同文化背景的歌手和作曲家一起带到了宫廷。

❺ 音乐信息　这些插画展示了中世纪使用的一些乐器，如手摇琴、拨弦扬琴、古提琴、列贝克琴、六孔竖笛等。

学者　阿方索十世在莱多聚集了一些天主犹太和穆斯林学者，的侄子胡安·曼努埃尔uan Manuel）因此受益浅。

❼ 翻译和誊写人　阿方索十世支持托莱多翻译学校的发展，而翻译活动也丰富了卡斯蒂利亚语。

❽ 国王至上　国王阿方索十世给予必要的资金支持和指示，对所选作品的结构进行修改并配上插画。

❾ 著作　当时，在宫廷内完成了大量的著作，包括抒情诗、法律、历史、科学和娱乐方面的书籍。

❿ 法律　阿方索十世批准了许多法律文本，包括《七章法典》（*Siete partidas*）以及民法、商法、刑法汇编。

马穆鲁克苏丹国与十字军被逐出东方

马穆鲁克人本是来自中亚大草原的奴隶，后被解放并组成民兵。他们起初在战场上受哈里发驱使，后来形成军事统治集团并建立了自己的苏丹国，而他们的所有权利都是武力争取来的。马穆鲁克定都开罗，并将十字军逐出了圣地。

作为萨拉丁的继任者，马穆鲁克人采取了和平的政策。他们寻求与法兰克人共存，将精力用于发展贸易而非战争。尽管如此，曾经攻陷过阿卡堡垒的埃及马穆鲁克骑兵创造了许多军事成就，包括在战场上击败蒙古人这样的壮举。他们逐渐融入哈里发的军队中，并最终夺取了军权。马穆鲁克的字面意思为“白奴”（esclaves blancs），这些突厥人完成了萨拉丁在12世纪初开始的任务，即不给基督徒留下分毫土地。苏丹拜巴尔一世（Baybars Ier，1260—1277年在位）对十字军发动了致命一击，大败马耳他圣殿骑士团（又称圣约翰骑士团、医院骑士团），并占领了骑士堡。随后，马穆鲁克骑兵在这里经营了数个世纪，并依托地利击败了此前战无不胜的蒙古人。

插图　马穆鲁克苏丹拜巴尔一世的纹章，现藏于开罗伊斯兰博物馆。

拉丁王国的末日

在巴勒斯坦这片土地上发生过的最重要的历史事件便是1260年9月3日，埃及马穆鲁克苏丹忽秃思（Saïf ad-Din Qutuz）在（Galilée）地区的阿音札鲁特（Aïn Djalout，阿拉伯语，意为歌利亚之泉）战役中战胜了蒙古大军。此前数年，穆斯林领地不断遭受蒙古人的入侵。在血洗呼罗珊（Khorassan）和波斯——穆斯林历史学家赛义夫·赫拉维（Sayf Heravi）甚至将内沙布尔（Nishapur，旧译你沙不尔）的洗劫定义为“种族灭绝”（génocide）——后，蒙古人又摧毁了赫拉特（Herat）和巴格达。1258年2

月 3 日，蒙古人对巴格达发起进攻，仅用了两周城池就被攻陷，整座城市被夷为平地。阿拔斯王朝（Abbassides）哈里发遭受残忍虐待后被处死，并且尸体被毛毯包裹——因为蒙古人不允许溅洒王室成员的血。在此之后，能够阻止蒙古人西进的势力只剩埃及苏丹率领的土耳其精锐士兵——马穆鲁克。

马穆鲁克大将军拜巴尔（Zahir Baybars）率领忽秃思苏丹的军队在阿音札鲁特遭遇蒙古人，并与之展开对决将其击败。在返回埃及的途中，大将军拜巴尔谋杀了忽秃思苏丹并取而代之。随后，拜巴尔建立了真正的王朝，因为当时王位并不是父死子继，而是苏丹死后在其军队的亲信中选取继承人。

在拜巴尔的领导下，埃及一跃成为阿拉伯世界首屈一指的国家和对抗十字军国家的核心力量。1268 年，雅法和安条克相继被穆斯林攻占。西方的十字军唯恐圣地的基督徒驻地被蚕食殆尽，于是大举向东方进发。英格兰的爱德华一世（Édouard Ier d'Angleterre）此次也参加了十字军，虽然他与穆斯林达成了长期停战协定，但拉丁民族之间持续分裂，停战最终只维系了很短的时间。热那亚和威尼斯这两个海洋共和国占领了十字军最后一座重要的据点——阿卡，很快阿卡城就变成了“基督教的大粪坑”（cloaque du christianisme），因为城墙之内聚集了无数来自欧洲的“社会渣滓”（la canaille）。由于城市的特殊价值，阿卡城当时的政府由 17 个团体构成，但西方微弱的援助无法颠覆战局。围城六周后，固执的马穆鲁克苏丹拜巴尔最终于 1291 年 5 月 18 日发动总攻。十天后，阿卡这座最后的十字军城市沦陷。同年夏天，西顿和塔尔图斯（Tortose）也被攻占。十字军最后的要塞朝圣堡（Le château Pèlerin）则被遗弃，因为继续坚守不再有任何意义。幸存者逃到了塞浦路斯，该岛在 1570 年前一直处于拉丁民族统治之下。

海外城市（东方的十字军国家）的丢失，导致威尼斯和热那亚这两个意大利的海洋大国为争夺地中海霸权而展开对抗。这两个国家的政治和经济模式大相径庭，但所追求的目标却是一致的。在此前的二百多年里，威尼斯和热那亚两座城市通过划分各自的势力范围成功避免了对抗，并通过瓜分贵重商品的垄断权来完成

阿卡城

阿卡是位于海法（Haïfa）北部的地中海城市，拥有天然的深水港。这座距离耶路撒冷152公里的城市，曾先后被亚述人（Assyrienne）、埃及人、希腊人和罗马人占领。在638年被穆斯林攻陷前，耶路撒冷一直是拜占庭的领地。1104年，耶路撒冷王国国王鲍德温一世攻占了耶路撒冷，而苏丹萨拉丁在1187年将其夺回。1191年，腓力二世·奥古斯都和“狮心王”理查又为基督徒们夺回了圣城。到了1291年，马穆鲁克将十字军永远逐出了耶路撒冷。

国际贸易。到了13世纪90年代，威尼斯和热那亚两座城市之间的紧张关系让人隐约看到了对抗的苗头，此后真正的冲突终于爆发。热那亚贵族商人的舰队在朗姆巴·多利亚（Lamba Doria）率领下驶向亚得里亚海，与威尼斯舰队展开对峙，而对方舰队由威尼斯总督乔瓦尼·丹多洛（Giovanni Dandolo）之子安德烈亚·丹多洛（Andrea Dandolo）指挥。1298年9月9日，双方相遇并爆发了科尔丘拉（Curzola）海战，而热那亚人的胜利具有决定性的意义。乔瓦尼·丹多洛战死，麾下最有名的船长马可·波罗（Marco Polo）被俘。不过，在极短的时间内，威尼斯共和国成功组建了一支由上百艘帆桨战船组成的新舰队，很快恢复了在亚得里亚海的霸主地位。正如意大利裔美国历史学家罗伯托·萨巴提诺·洛佩斯（Roberto Sabatino López）后来所表述的那样，“贵族们的史诗毫无疑问被商人们的壮举所继承和超越”（ l'Iliade des barons fut suivie et dépassée par l'Odyssée des marchands）。

档案：大教堂时代

哥特式艺术诞生在法兰西岛，而这个岛是对罗马风格影响最为抵触的地区。在圣但尼修道院院长叙热的推动下，这种建筑艺术形式在巴黎地区蓬勃发展。

为表达对已故法兰西国王们的纪念并为他们歌功颂德，修道院长叙热决定建造一座新的教堂，并提议打开门窗让光线照进来。法兰西的哥特式大教堂在政治、宗教和神秘主义方面都参考了圣但尼修道院的设计，而这座教

时钟

进入 14 世纪后，天文钟（horloge astronomique）开始出现在多个教堂中。这些设备反映出当时的知识水平，而这也是为什么我们可以在表盘上看到围绕地球公转的太阳。

插图 布尔日主教座堂的天文钟。

沙特尔：哥特式艺术的辉煌

沙特尔主教座堂在 11 世纪始建时为罗马风格，但在接下来的一个世纪中教堂承载的各种元素使它成为欧洲最重要的哥特式教堂之一，如正面墙、西侧塔楼、三扇雕花大门和色彩鲜艳的彩绘玻璃窗。到了文艺复兴时期，人们继续丰富教堂的内容，如摆放祭坛的半圆形后殿就是最好的印证。

堂也见证了卡佩王朝的巅峰。圣但尼修道院之后，巴黎、沙特尔（Chartres）、兰斯和亚眠（Amiens）等地的教堂也拔地而起。如果说圣但尼修道院是第一座哥特式修道院，那么第一座此风格的主教座堂则位于桑斯（Sens），而最早的哥特式雕塑则是圣但尼修道院和沙特尔主教座堂西外墙的装饰。这些建筑的设计者都是主教，包括桑斯的亨利（Henri de Sens）、沙特尔子爵若弗鲁瓦（Geoffroy de Chartres）以及叙热，他们因为政治和宗教信仰联合在一起。

哥特式艺术创立的初衷是为了解决技术结构上的重大问题。不过，哥特式艺术虽然能够解决建筑中的大多数问题，但它并不像现在某些人吹捧的那样无懈可击。沙特尔主教座堂虽然经历了数个世纪后既没有显现出裂痕也没有遭到破坏，但博韦主教座堂的后殿在建成十二年后就崩塌了，以至于很多建筑师都放弃了一些重要工程的收尾工作，如米兰大教堂和科隆大教堂都是在 19 世纪翻修时才完工的。

肋拱和飞扶壁

哥特式建筑最大的特点体现在肋拱。中殿的机架布满了对角和横向交叉的拱，形成了一个轻巧的框架，用于安放薄的砖石拱顶。每个机架形成一个结构单元，将重量和向下的推力导向拱的下方及其支柱。与此同时，这些拱和支柱由侧殿的扶壁和外部用于抵消拱顶侧向推力的飞扶壁（也称扶拱垛）支撑。

飞扶壁此前在诺曼底的罗马式教堂中就曾使用过，但哥特式建筑才真正发挥了这种结构的作用。哥特式建筑将这种扶壁放到了教堂外，从地面一直向上延伸到侧殿的上方空间，如此便可以直接为屋顶的承重墙提供支撑。

1150年，这种结构首次被应用于努瓦永（Noyon）主教座堂。二十年后，它经受住了考验并赢得了所有哥特式教堂建筑师的青睐。建筑的飞扶壁数量从单一发展到多个，它们或通过两点为主体提供支撑，或相互支撑。飞扶壁的柱子顶部有装饰，上方有时会装饰一个天使，如兰斯大教堂便是例子。

同时，尖肋拱顶成为这种哥特风格的另一个明显的特征，尽管它起初并不像飞扶壁那样在结构层面不可替代。事实上，尖肋拱顶在此前已经有所应用，如寓言中提到的建于6世纪中叶的叙利亚的瓦丹宫（Qasr Ibn Wardan），以及后来耶路撒冷的圆顶清真寺（le dôme du Rocher）和阿克萨清真寺（la mosquée d'Al Aqsa）。尖肋拱顶可能是从耶路撒冷传到西方的，也可能是教堂的建造者们为解决建筑设计中的力学问题（如将长度各异的拱竖立至同一高度）而发明的。

尖肋拱顶的作用还不止于此：由于侧廊比中殿窄，所有侧廊有一扇更高更宽的窗，其横拱顶部可能比对角斜拱顶部低，也可能被抬高，但前提是不能破坏整体布局的和谐；后殿回廊的外墙比内墙长，且墙上的窗户均为菱形，而尖肋拱顶的设计能让拱顶的圆弧顶保持在同一高度。

玫瑰窗

教堂得益于尖拱窗的设计，无须再建造厚重的外墙。同时，各个支撑点之间的空间只承受了很小的推力，让墙体变薄甚至移除部分墙壁都变得可行。但是，过于

巴黎圣母院：光与石铸造的优雅

这座以圣母玛利亚之名建造的教堂与大多数哥特式教堂一样，主立面的门廊中立有一根柱子，上方雕刻着寓言故事的场景，展现了中世纪科学对建筑的贡献。三扇尖顶门的上方是展示法兰西国王的壁龛；壁龛下方是柱座，建造者（石匠）塑造的装饰呈现出炼金术或神秘学的内涵。正面墙的中央有玫瑰窗，两侧各有一扇窗户；上方的三叶形连拱廊上面搭建有细柱支撑的平台，平台横向延伸到石板覆盖的塔楼之间。与所有的教堂一样，位于拉丁十字架头部的后殿面向东南，位于十字架底部的外墙朝向西北，耳堂呈东北/西南方向。参观时，游客从背向太阳的西北方向进入，一直往太阳升起的东南方，也就是基督教的摇篮——耶路撒冷所在的地方前进。

大教堂正面细节 巴黎圣母院的建造始于 1163 年，大约两个世纪后完工，但后来又作了许多修改。

❶ **尖顶** 19世纪建造的尖顶上安放着风信鸡，其中存有圣但尼和巴黎的主保圣人热纳维耶芙（Geneviève）的遗骨以及路易九世（圣路易）从君士坦丁堡购得的耶稣荆棘冠的残片。

❷ **飞扶壁** 1220年新建更重的铅板屋顶时，为将拱顶的推力引导至外部支撑而建造了飞扶壁。此设计可以使墙壁上开凿更大的窗洞，安装大块的彩绘玻璃窗。

❸ **玫瑰窗** 正面墙的玫瑰窗直径13米，上方绘有《旧约》中80幅与圣母玛利亚相关的场景。南北耳堂各有一扇直径同为13米的玫瑰窗，西面的玫瑰窗直径为9米。

❹ **诗班席和后殿** 诗班席长38米、宽12米，后面是拥有七座小祭台的半圆形后殿。这部分是在第一阶段建造而成（1163—1250年）。

❺ **圣母玛利亚之门** 大门有两条过梁，下方雕刻着以色列国王和先知、约柜（arche d'alliance，又称法柜，古代以色利民族的圣物），而约柜下方还有圣母玛利亚和踩着蛇的孩子；上方则是圣母玛利亚永眠像，周围伴随着基督、天使和使徒们。

❻ **屋顶及其构架** 为了建造支撑屋顶的木质结构，砍伐了24公顷土地上的1300棵橡树。少量小屋顶上铺的是石板，但大部分顶面都是铅板覆盖。

❼ **中殿** 十字架的主体部分高43~33米、长60米、宽13米。中殿可以容纳9000人，耳堂可以容纳1500人。

❽ **教堂正面** 正面墙长43.5米、高45米（塔楼高度为69米）。正面开有三扇门，作为主要入口的中门上雕刻有“末日审判”的场景：被天使们唤醒的死者从坟墓中爬出，大天使米迦勒正在称量灵魂重量，等等。

宽大的窗洞中仍无法安装单块玻璃，于是人们将这片空间上方用石块砌拱，下方空间分割为两扇（或多扇）窗格。就这样，外墙与中殿一样形成了拱廊。1170年前后，教堂建造者们为了解决此类窗户暴露出的一些问题，设计出了镂空的花式窗格：他们将石墙凿穿，仅留下装饰性的图案，并在缝隙和窗洞里安装彩色玻璃。玻璃上绘制的图案越来越复杂，而相应时期和建筑子风格都以当时流行的图案来命名，如几何式、曲线式、垂直式、火焰式等。这种在大门上方墙面应用的工艺催生了大型玫瑰窗——这种窗户最初于1230年在巴黎圣母院使用，而兰斯大教堂和巴黎圣礼拜教堂对玫瑰窗的应用堪称完美。

沙特尔的光辉

哥特式建筑手法逐渐普及，而带有明显法兰西文化色彩的哥特式艺术也传播到了整个欧洲。虽然圣但尼修道院是第一座真正意义上的哥特式建筑，但哥特式艺术却是从沙特尔向外发扬光大的。这种全新的建筑风格的所有技巧都在沙特尔主教座堂上有所应用，这一点具有重大意义。沙特尔主教座堂并非建造在皇室领地，而是在法兰西的小麦主产区博斯（Beauce）。哥特式风格的发展，主要归功于12世纪农业极速进步带来的巨大财富。从神学的角度看，哥特式风格满足了人类从技术创新中寻找灵性（人与万物之间的联系）的渴望，而这种灵性在光、度量和数量中见证了上帝的主要属性（无限的、不可测度的、智慧的）。

沙特尔主教座堂是为圣母玛利亚而建，也是祈求圣母保佑的病人和苦难者的朝圣之地。沙特尔主教富尔贝（Fulbert）于1020年曾在此地修建了一座罗马式教堂，但1194年在火灾中被焚毁，后来人们出于集体的宗教狂热在原址建造了新的礼拜场所。火灾过后，大批工人蜂拥而至，原材料和祭祀用品也从各地运送而来，新教堂仅用了几年就建成了。到了1224年前后，新教堂的主体工程终于完工，而沙特尔也重新成为朝圣地。根据建筑师（姓名已不可考）最初的设计，西墙、侧廊和后殿两边都应建有塔楼，但最终完工的只有正面外墙两侧的塔楼，即12世纪在教堂最南端建造的高达108米的旧钟楼和最北端的新钟楼。新钟楼经历了两次火灾，后于16世纪由让·德·博斯（Jean de Beauce）以火焰式哥特风格建筑重建。

伊利主教座堂 建于11—12世纪的伊利（Ely）主教座堂平面图为十字形，中殿长75米，是英格兰最大的长方形教堂。

除彩色玻璃窗外，沙特尔主教座堂的另一个独特之处在于其数以千计的雕塑，仅门廊雕塑的数量就接近2000座。教堂到处都可以欣赏到美轮美奂的雕刻艺术，即使那些不起眼的狭小场所也不例外，同时雕刻的人物大都是真人大小。中央大门上的耶稣并非如罗马风格作品那样展现出“末日审判”时的威严，而是站在欢乐和亲切的人群中散发出一种祥和的尊贵：他张开双手，为从脚下进门的信徒们赐福。门拱上刻画了19位先知、国王和王后的形象，象征着沙特尔学派在哲学层面的造诣。北面和南面侧廊的墙面和大门上的装饰，被视为哥特式建筑的巅峰之作。

沙特尔主教座堂是法兰西乃至整个欧洲教堂的典范，而现在被称为哥特式风格的那些古典大教堂都是参考它的模式建造的。例如，1200 年前后完工的亚眠、兰斯、鲁昂（Rouen）和布尔日的教堂都采用了大型主殿配四条侧廊的结构。亚眠大教堂的南门装饰着著名的“美丽上帝”雕像，而西门的雕塑是微笑着凝视儿子的圣母像。圣米歇尔山（le mont Saint-Michel）上的哥特式修道院也在同一时期开始兴建。

迈入 1250 年，各地的哥特式教堂如雨后春笋般拔地而起，最著名的有博韦主教座堂、特鲁瓦的圣乌尔巴诺（Saint-Urbain）圣殿、克莱蒙（Clermont）大教堂、利摩日大教堂、罗德兹（Rodez）大教堂和被誉为“玻璃盒”的巴黎圣礼拜堂（Sain te-Chapelle de Paris）。这座路易九世下令建造的教堂工期长达六年（1242—1248 年），绘有 1134 幅场景的玻璃布满了墙壁。哥特式艺术诞生于沙特尔和法兰西岛，首先传播到法兰西各地，随后影响了英格兰、瑞典、西班牙和德意志。因此，人们将这种建筑风格称为“法国式”（opus francigenum）。

英格兰

在英格兰，哥特式风格的到来，促使源于诺曼底并以达勒姆（Durham）座堂、格洛斯特（Gloucester）大教堂、喷泉修道院（abbayes de Fountains）和马姆斯伯里（Malmesbury）修道院为代表的罗马式风格建筑经历了自然的演变。哥特式风格的推广人英格兰国王亨利三世为获得建造威斯敏斯特教堂所需的资源而压榨人民，并资助他在宫廷中创建的艺术家学院（建筑家、雕塑家、画家、细密画师、金匠）。最终，落成的威斯敏斯特教堂是一座与兰斯和亚眠的大教堂如出一辙的哥特式建筑，连门上的雕塑和拱廊都非常相似。

英格兰哥特式风格经历了三个时期，包括早期哥特式建筑时期（1175—1280 年）、盛饰哥特式建筑时期（1280—1380 年）和垂直哥特式建筑时期（1380—1450 年）。一般来说，这些教堂的大门和正面墙的设计仍然非常简单：林肯和罗切斯特（Rochester）的大教堂都只装点了少数几座雕塑；韦尔斯（Wells）教堂的雕塑虽然多了不少，但仍然无法与法兰西的教堂相提并论。索尔兹伯里（Salisbury）、诺

测量员和石匠：需要传承的职业

自古以来，手工业者和建筑工人都会组成职业行会，既为了从业需要，也为了保护自己免受雇主的欺凌。到了中世纪，建筑者行会将各种协会、兄弟会及相关职业与行会整合在一起，包括测量员、石匠、木匠、玻璃匠、铁匠等，而所有这些行业都为大教堂、城堡、修道院、桥梁、宫殿的建设贡献力量。路易九世下令编写的《行业大全》第 8 章就是关于泥瓦匠和石匠的内容，不仅明确了他们拥有的权利，还将从业者划分为入门学徒、技术同僚和师傅匠人这三个分明的等级。学徒期可以持续很长时间，而学徒（伙计）只有在完成代表作后才能获得师傅的称号。学徒的学习以言传身教的方式完成，他们在漫长的学习过程中逐渐掌握行业的窍门。建筑者（石匠）都是基督徒，但将他们聚集在一起的除了宗教信仰，更多的是同行之间的团结精神。行会成员相互交流行业中与技术有关的科学秘密（数学、几何、物理、炼金术和光化学）有关，于是形成了“劳动共济会”（la maçonnerie opérative），而该组织于 15 世纪演变成“思辨共济会”（la maçonnerie spéculative）。

插图 15 世纪法兰西细密画，描绘了建造教堂的工人们。现藏于巴黎法国国家图书馆。

维奇（Norwich）和利奇菲尔德（Lichfeld）的教堂塔楼规模虽然已非常可观，但英格兰哥特式风格塔楼往往更加高大。英格兰的建筑师们不太优先考虑建筑的内部层高，但威斯敏斯特大教堂和索尔兹伯里大教堂是例外。最常见的是搭建较矮的拱顶，代表建筑有格洛斯特（Gloucester）和埃克塞特（Exeter）的教堂。正殿最长的几座教堂并没有采用更方便的多边形或哥特式半圆形后殿设计，而是保留了盎格鲁–撒克逊风格的矩形后殿。

当时，教堂一旦遭遇火灾，建筑师们就会借机将诺曼风格的建筑改建为哥特风格，如修复后的坎特伯雷大教堂（诗班席在火灾中被焚毁）就着实让民众吃了一惊。坎特伯雷主教托马斯·贝克特（Thomas Becket）于1170年被刺杀并在三年后被封圣，这让坎特伯雷大教堂成了重要的朝圣地。教士们（僧侣们）将坎特伯雷大教堂诗班席的重建工作交给了法兰西建筑师桑斯的威廉（Guillaume de Sens），因为此前他为家乡设计的教堂让其声名大噪。休·德·拉西（Hugues de Lacy）对温切斯特（Winchester）大教堂祭坛和诗班席后的空间进行浮夸装饰的决定让人惊讶，而罗伯特·格罗斯泰斯特（Robert Grosseteste）当上主教后想要重建被火焚毁的林肯主教座堂的想法同样令人错愕。正如当时的英格兰学者威廉·奥斯勒（William Osler）所说，哥特式艺术之瑰宝——“天使诗班席”（le choeur des Anges）由此诞生。

哥特艺术在欧洲大陆的发展

哥特式风格经由两条路线向德意志传播。一条途经北部的法兰德斯，该地区很早就出现了哥特式建筑，如布鲁塞尔的圣古杜勒（Sainte-Gudule de Bruxelles）主教座堂、根特的圣巴夫（Saint-Bavon de Gand）主教座堂和梅赫伦的圣路茂狄（Saint-Rombaut de Malines）主教座堂。同时，拥有雄伟钟楼的布鲁日（Bruges）主教座堂也是德意志哥特建筑的典型。另一条路线途经斯特拉斯堡（Strasbourg），当地主教座堂的玫瑰窗在尺寸和美观上都令人惊叹。在各种奇思妙想的催化下，班贝格、弗莱堡（Fribourg）、马尔堡（Marbourg）、雷根斯堡、瑙姆堡（Naumbourg）和科隆相继出现了一批卓越的建筑。1284年，科隆大主教康拉

兰斯主教座堂 这座498年承办了克洛维（Clovis，克洛维一世，法兰克王国国王）国王加冕礼的教堂在1210年毁于大火，随后人们在废墟上重建了一座哥特式建筑，其彩绘玻璃堪称奢华。第一次世界大战期间，不少玻璃遭到损毁，随后马克·夏卡尔（Marc Chagall）等一众艺术家用自己的作品将教堂装饰一新。

德·冯·霍希斯塔登（Conrad de Hochstaden）为科隆大教堂奠基，但这座教堂虽然举世闻名，却并非最典型的哥特风格建筑。科隆大教堂借鉴了不少亚眠大教堂的设计，建造步骤也是严格遵循了法兰西的模板，其中外墙的线条笔直而硬朗，但中殿高大纤细的柱子和华丽的窗户构建了明亮且温馨的内部空间。

在成功影响了德意志之后，哥特风几乎刮遍了整个欧洲。哥特式风格从圣地亚哥-德孔波斯特拉传到西班牙，此后在布尔戈斯（Burgos）、莱昂、阿维拉（Ávila）和托莱多都出现了哥特式教堂，但在修建过程中部分穆德哈尔式[57]（mudéjare）传统元素仍得以保留。斯堪的纳维亚同样受到哥特式风格的影

[57] 穆德哈尔式，西班牙装饰艺术的典型形式，深受伊斯兰装饰艺术形式——伊斯帕诺-穆斯林风格的影响。——译者注

响，如艾蒂安·德·博纳伊（Étienne de Bonneuil）于1287年主持了乌普萨拉（Uppsala）主教座堂的修建工作。居住在布拉格的神圣罗马帝国皇帝查理四世（Charles Ⅳ），邀请阿拉斯的马修（Mathieu d'Arras）参考纳博讷大教堂修建一座教堂。在匈牙利，同样有不少法兰西建筑师的身影，如维拉尔·德·奥内库尔（Villard de Honnecourt）就曾负责了一些建造工作，而名气稍逊的让·德·圣迪耶（Jean de Saint-Dié）则在克劳森堡（Klausenburg，德语，克卢日-纳波卡［Cluj-Napoca］）和卡斯绍（Kaschau，德语，科希策［Košice］）工作。

意大利特色

意大利的情况比较特殊。在这里，哥特式风格因与神圣罗马帝国有关联，故被称为“德意志风格”（stile tedesco，意大利语）。但是，这种风格很快就为迎合意大利人的审美做出了改变，由此诞生了一种带有拜占庭艺术色彩、独一无二的哥特风格，如奥尔维耶托（Orvieto）、锡耶纳、阿西西（Assise）和佛罗伦萨的教堂都是此风格的代表。其中，建筑材料中的石块被大理石所取代，尖塔或尖拱不再用于支撑，因为意大利人更喜欢平缓的屋顶。

此外，哥特式艺术风格很快被应用在意大利的民用建筑上。市政厅、防御工事、城墙的大门和塔楼、商会等建筑都采用了哥特式的建筑或装饰风格，代表建筑有位于佩鲁贾（Pérouse）并始建于1281年的普廖里宫（palazzo dei Priori）、1289年修建的锡耶纳市政厅（palazzo Pubblico）、1290年建于博洛尼亚的达古修宫[58]（palazzo Comunale）和1289年建于佛罗伦萨的旧宫（palazzo Vecchio）。

在佛罗伦萨，独特的意大利式哥特风格发展到了巅峰。1294年，阿诺尔弗·迪·坎比奥（Arnolfo di Cambio）开始建造圣十字圣殿（l'église Santa Croce）：保留了长方形教堂的平面设计，去掉了两边的耳堂，上方铺设木质屋顶；窗户仍采用尖拱，主殿的拱廊和外墙都采用大理石建造。在圣十字圣殿大获成功之后，阿诺尔弗·迪·坎比奥又被委任修建城市的主教座堂。由于预算数额庞大，主教座堂

[58] 达古修宫（Palazzo d'Accursio），又名 palazzo Comunale，坐落于博洛尼亚主广场。在2008年11月11日前，一直为博洛尼亚市政厅。——译者注

林肯主教座堂　林肯主教座堂由“征服者”威廉（威廉一世）下令建造，于 1185 年在地震中坍塌。1192—1235 年重建，新的林肯主教堂则是哥特式建筑的完美代表。

的修建必须向城内所有职业行会寻求资金支持，因为阿诺尔弗·迪·坎比奥设计的教堂规模宏大。在阿诺尔弗·迪·坎比奥死后，乔托（Giotto）和安德烈亚·皮萨诺（Andrea Pisano）相继受命指导工程进行。不久以后，教堂被命名为圣母百花圣殿（Santa Maria del Fiore）。教堂在设计之初虽然显得宏大且复杂，但到了 15 世纪完工时其内部空间已难以容纳大批前来听取萨佛纳罗拉[59]（Savonarole，1452—1498）布道的人群。

当时，欧洲各国语言都已确立，而哥特式艺术也最终成为欧洲文化的表达方

[59] 萨佛纳罗拉，又译萨伏那洛拉，全名吉罗拉莫·萨佛纳罗拉（Jérme Savonarole，英语 Girolamo Savonarola），意大利修明会修士，以反对文艺复兴艺术和哲学、焚烧艺术品和非宗教类书籍、毁灭他认为不道德的奢侈品以及严厉的布道著称。——译者注

批评者和倡导者

“哥特式艺术”一词发明于文艺复兴早期，而最初它隐含贬义。当时，在崇尚希腊和拉丁美学的学者们眼中，哥特风格就是“野蛮”的代名词。后来，浪漫主义者满怀热情地重新呈现哥特式艺术，并认为它是西方历史上最具影响力的风格之一。哥特式建筑的特点体现在尖形拱门、肋状拱顶和飞扶壁，而这些元素可以增加建筑的高度并开挖大面积的窗户，让光线能够通过绘有各种图案的彩绘窗射入建筑内。在教堂内部，木质材料上绘制的油画取代了罗马式壁画。在东方那些受拜占庭影响的地区，人们开始重新使用马赛克，外墙上布满了雕塑，并以粗犷且写实的方式描绘了恶魔（démons）和召唤物（évocations）的形象。

插图　佛罗伦萨主教座堂圣约翰洗礼堂（baptistère de Saint-Jean）的马赛克画，描绘了撒旦在地狱吞食罪恶灵魂。

式。哥特式艺术通过不断更新和与历史发展相融合，在长达近四个世纪的时间里一直在艺术领域保持着绝对的优势。例如，花蕾、花朵、花园和小树林这些装饰元素描绘出了一个四季如春的世界，而绘画和金银制品的点缀对社会产生了巨大的影响。在哥特艺术中，艺术风格成为一种信仰的表达，而这种艺术也成功触及无数人的内心。

无论如何，哥特式艺术对历史变化和不同地方的强大适应能力促进了它自身的演变。哥特式艺术在经历了垂直式风格、法兰西火焰式风格、国际风格和 15 世纪的勃艮第风格等数次变革后达到了顶峰，为建筑、细密画、雕塑或金银制品奉献了一些真正的杰作。进入近世，哥特式艺术完成了最后的整合，而卡斯蒂利亚王室的艺术、英格兰的都铎（Tudor）风格和葡萄牙的曼努埃尔（manuélin）风格则催生了这一风格最后一批伟大的作品。到了 19 世纪，这种风格以“新哥特”（néo-gothique）之名得以复兴。

附　录

伯恩沃德门的细节（左图） 11世纪初，受主教伯恩沃德（Bernward）委托为德国希尔德斯海姆的圣玛利亚升天大教堂（la cathédrale Sainte-Marie de l'Ascension）而建造。

13世纪的欧洲

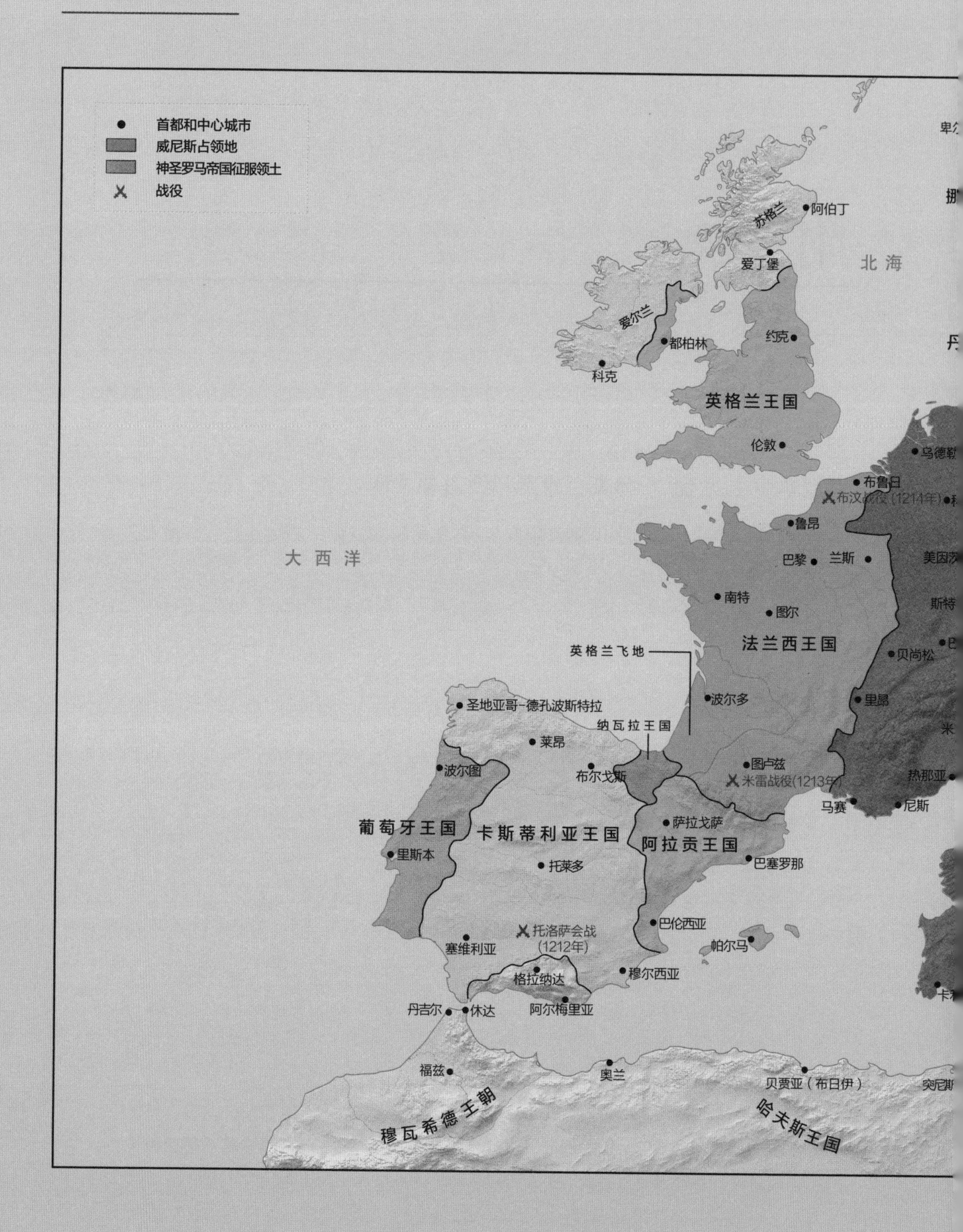

首都和中心城市
威尼斯占领地
神圣罗马帝国征服领土
战役
苏格兰
阿伯丁
北海
爱丁堡
爱尔兰
都柏林
约克
科克
英格兰王国
伦敦
乌德勒
布鲁日
布汶战役（1214年）
鲁昂
大西洋
巴黎
兰斯
南特
图尔
法兰西王国
英格兰飞地
贝尚松
圣地亚哥-德孔波斯特拉
波尔多
里昂
纳瓦拉王国
莱昂
波尔图
布尔戈斯
图卢兹
米雷战役(1213年)
热那亚
马赛
尼斯
萨拉戈萨
葡萄牙王国
卡斯蒂利亚王国
阿拉贡王国
里斯本
巴塞罗那
托莱多
巴伦西亚
托洛萨会战
(1212年)
帕尔马
塞维利亚
格拉纳达
穆尔西亚
丹吉尔
休达
阿尔梅里亚
福兹
奥兰
贝贾亚（布日伊）
穆瓦希德王朝
哈夫斯王国

奥布
乌普萨拉
塔林
诺夫哥罗德
普斯科夫
瑞典王国
里加
隆德
条顿骑士团
柯尼斯堡
斯摩棱斯克
罗斯公国
明斯克
库尔姆
波兰王国
基辅
克拉科夫
布拉格
维也纳
普雷斯堡
金帐汗国
布达
匈牙利王国
阿尔巴
赫尔松
贝尔格莱德
黑海
扎达尔
威尼斯领海
塞尔维亚
尼什
瓦马
锡诺普
杜布罗夫尼克
保加利亚帝国
特拉比松
君士坦丁堡拉丁帝国
都拉斯
君士坦丁堡
罗姆苏丹国
那不勒斯
布林迪西
萨罗尼加（塞萨洛尼基）
尼西亚
尼西亚帝国
安卡拉
凯撒利亚
西西里王国
拉里萨
塔尔苏斯
伊兹密尔
雅典
安条克
雷焦
亚美尼亚王国
叙拉古
安塔利亚
迈索尼
罗得岛
法马古斯塔
十字军领地
干尼亚（哈尼亚）
塞浦路斯王国

对照年表

欧洲

1000—1050 年

- 公共运动在意大利兴起
- 勃艮第末代国王将自己的王国让与神圣罗马帝国皇帝继承
- 西方（欧洲）大饥荒
- 克努特大帝去世。北海大帝国（État anglo-scandinave，盎格鲁-斯堪的纳维亚帝国）分崩离析
- 《封地法令》为德意志和意大利的封建制度奠定基础
- 在蒙斯（Mons）和圣特斯（Saintes）开始出现"贷款人"

文化成就：

- 阿雷佐的圭多（Guido d'Arezzo）发明了音乐记谱法

1050—1100 年

- 1054 年，东西教会大分裂，罗马与拜占庭决裂
- 基督徒在埃布罗河谷、巴伦西亚和托莱多取得胜利
- 黑斯廷斯之战，诺曼人征服英格兰
- 叙任权之争
- 威尼斯从拜占庭获得特权
- 第一次十字军东征，耶路撒冷被基督徒攻占

文化成就：

- 《末日审判书》
- 熙笃修道会成立

1100—1150 年

- 《沃尔姆斯宗教协定》
- 路易六世与皇帝对抗
- 鲁杰罗二世（Roger Ⅱ）加冕西西里国王
- 第一位葡萄牙国王阿方索一世·恩里克斯（Alphonse Ier Enriquez）
- 布雷西亚的阿诺德在罗马发动起义
- 圣伯纳德在韦兹莱号召发起第二次十字军东征
- 科隆出现织布工人行会

文化成就：

- 彼得·阿伯拉尔被定罪
- 《熙德之歌》

伊斯兰世界

1000—1050 年

- 伽色尼王朝苏丹马哈茂德（Mahmud de Ghazni）率军远征至印度北部
- 法蒂玛王朝的航海家们远航来到中国，埃及和宋朝建立外交关系
- 柏柏尔人建立的齐里王朝与法蒂玛王朝断绝联盟关系，阿拔斯王朝从中受益

文化成就：

- 埃及最早的图书馆和大学——智慧宫（Dar al-ilm）建立
- 阿维森纳（Avicenne）的医学著作

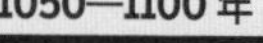

1050—1100 年

- 塞尔柱突厥人占领巴格达
- 穆拉比特王朝（Almoravides）建立马拉喀什（Marrakech）
- 塞尔柱突厥人入侵格鲁吉亚
- 塞尔柱帝国维齐尔尼札姆·穆勒克（Nizam al Mulk）创立巴格达大学
- 塞尔柱突厥人击溃拜占庭，并占领了安卡拉和耶路撒冷
- 埃及法蒂玛王朝内部骚乱，尼查里派（nizarites）创立

文化成就：

- 伊朗历法改革

1100—1150 年

- 迪德格里（Didgori）战役，塞尔柱突厥人被格鲁吉亚军队击败
- 伽色尼突厥人在旁遮普定居
- 叙利亚北部发生强烈地震
- 埃德萨的征服
- 柏柏尔人建立的穆瓦希德王朝从穆拉比特王朝手中夺走了北非，并将势力渗入伊比利亚半岛

文化成就：

- 马拉喀什宫殿的修建

其他文明

1000—1050 年

- 非洲：西非的恩里（Nri en）王国
- 亚洲：紫式部（Shikibu）创作了历史上最早的小说《源氏物语》（*Le Dit du Genji*）
- 越南（Viêt Nam）李（Ly）朝
- 中国宋朝制图法的发展
- 朝鲜（Corée）内战
- 印度朱罗（Chola）王朝将领土扩张到印度南部
- 采用陶瓷活字的活字印刷术出现
- 中文军事著作《武经总要》中记载了火药的配方

1050—1100 年

- 非洲：尼日利亚豪萨城邦[60]（villes-États haoussa）的发展
- 亚洲：阿奴律陀（Anawratha）加冕缅甸（Birmane）国王
- 日本藤原氏（Fujiwara）的崛起
- 印度朱罗王朝军队进入马来西亚和印尼
- 中国宋朝社会改革（指王安石变法）
- 开封建造的天文时钟——水运仪象台
- 中国古典编年史《资治通鉴》
- 沈括首次提到磁力指南针
- 海南儋州创建学堂

1100—1150 年

- 美洲：查科峡谷（Chaco Canyon）阿那萨吉（Anasazi）文化消失
- 亚洲：中国宋朝被迫迁都南京（今河南商丘），北方领土被蒙古人、契丹人占领
- 东林书院创立
- 柬埔寨（Cambodge）国王苏利耶跋摩（Sûryavarman Ⅱ）开疆拓土，建造吴哥窟（Angkor Vat）。
- 中国金朝
- 大洋洲：图伊汤加（Tu'i Tonga）帝国开始扩张

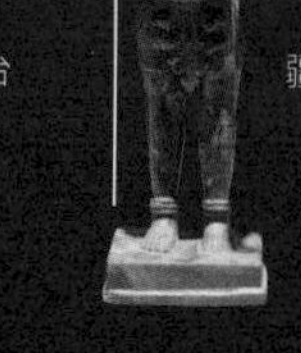

[60] 豪萨城邦，1000—1200 年前后西非豪萨人所建城市国家的统称，故址在今尼日利亚北部和尼日尔南部。——译者注

1150—1200 年

- "红胡子"腓特烈（腓特烈一世）加冕神圣罗马帝国皇帝
- 英格兰金雀花王朝（亨利二世）诞生
- 托马斯·贝克特遇刺
- 香槟集市
- 腓力二世·奥古斯都继任法兰西国王
- 莱昂王国最初的宫廷
- 第三次十字军东征
- "狮心王"理查去世
- 卡特里派主教会议

文化成就：

- 特鲁瓦基督徒的文学活动
- 始建巴黎圣母院
- 巴黎出现第一所学院

1200—1250 年

- 拉丁人（基督徒）占领君士坦丁堡
- 阿尔比十字军
- 托洛萨会战、米雷战役、布汶战役
- 英格兰《大宪章》
- 圣城十字军交接
- 吕贝克（Lübeck）与汉堡（Hambourg）签署自由贸易协定
- 宗教裁判所出现

文化成就：

- 方济各会（François，小兄弟会）会规
- 翻译亚里士多德的作品《伦理学》

1250—1300 年

- 犹太人被驱逐出英格兰和法兰西
- 马可·波罗（Marco Polo）兄弟出发前往中国
- 英格兰的骑士和贵族出席联合议会
- 意大利南部霸主安茹的查理（查理一世，那不勒斯和西西里国王）
- 鲁道夫·冯·哈布斯堡加冕神圣罗马帝国皇帝
- "西西里晚祷"
- 阿卡陷落，圣地十字军国家的末日

文化成就：

- 索邦（Sorbonne）大学成立
- 托马斯·阿奎那开始编写《神学大全》（*Summa theologica*）

1150—1200 年

- 萨拉丁消灭埃及的法蒂玛哈里发国并建立阿尤布王朝
- 萨拉丁占领耶路撒冷
- 萨拉丁与十字军在阿尔苏夫和雅法交战
- 《拉姆拉（Ramla）条约》
- 古尔的穆罕默德（Mohamed de Ghur）在印度建立第一个穆斯林王朝

文化成就：

- 地理学家伊德里西（Al Idrissi）的地理学著作出版
- 哲学家阿威罗伊（Averroès，又名伊本·鲁世德［Ibn Rushed］）去世

1200—1250 年

- 拉佛比（la Forbie）战役，交战双方为阿尤布王朝与基督教军队
- 穆斯林夺回耶路撒冷
- 哈夫斯王朝在突尼斯建立

文化成就：

- 哲学家迈蒙尼德（Maïmonide）去世——他是萨拉丁家族的医生和埃及犹太团体的领袖

1250—1300 年

- 马穆鲁克统治埃及
- 蒙古人占领巴格达并皈依伊斯兰，阿拔斯哈里发国覆灭
- 突厥人在安纳托利亚扩张

文化成就：

- 叙利亚医生伊本·纳菲斯（Ibn al Nafis）研究血液小循环理论
- 波斯诗人萨迪（Sa'di）和学者鲁米（Rumi）的作品

1150—1200 年

- 美洲：墨西哥托尔特克（Toltèque）帝国覆灭
- 图勒（Thulé，在今格陵兰岛北部）文化腾飞
- 亚洲：日本平安时代（la période Heian）结束，幕府（shogunat）开启
- 吴哥窟建造者苏利耶跋摩二世去世
- 中国宋、金之间展开唐岛海战（采石之战），火器发挥了重要作用
- 日本佛教一向宗派（Jodoshinshu）创立
- 日本源平合战（Guerres Genpei，1180—1185 年）
- 佛教中心印度那烂陀寺（Nalanda）被毁

1200—1250 年

- 美洲：曼科·卡帕克（Manco Capac）在秘鲁库斯科（Cuzco）建立印加（Inca）帝国
- 亚洲：成吉思汗发动远征，在经历了包括迦勒迦河（fleuve Kalka）之战在内的一系列战争后蒙古人占领了罗斯公国
- 蒙古人占领金朝首都中都（今北京）
- 成吉思汗去世
- 蒙古帝国可汗忽必烈
- 成吉思汗之孙拔都建立金帐汗国
- 南宋山水画家夏圭[61]完成旷世作品

1250—1300 年

- 非洲：尼日利亚的贝宁（Bénin）王国
- 埃塞俄比亚的扎格维（Zagwé）王朝结束
- 亚洲：蒙古人之间开始流通纸币
- 传教士若望·柏郎嘉宾（Jean de Plan Carpin）到达蒙古帝国
- 景教徒（nestorien，聂斯托利教派）在大都（今北京）设立主教府
- 南宋灭亡，蒙古人建立元朝
- 中国活字印刷术得到改良，木活字出现
- 火器在中国继续发展

[61] 夏圭，与马远、李唐、刘松年合称"南宋四家"，传世画作有《溪山清远图》《西湖柳艇图》《雪堂客话图》等。——译者注

王朝列表

安茹家族/安茹王朝（西西里王国）

安茹伯爵

富尔克三世	987—1040年
若弗鲁瓦二世	1040—1060年
若弗鲁瓦三世	1060—1067年
富尔克四世	1067—1109年
若弗鲁瓦四世	1098—1106年
富尔克五世（耶路撒冷国王富尔克一世）	1109—1129年
若弗鲁瓦五世	1129—1151年
亨利一世（英格兰国王亨利二世）	1151—1189年
亨利二世	1170—1183年
理查一世	1189—1199年
阿蒂尔一世	1199—1203年

耶路撒冷的国王/女王

布永的戈弗雷	1099—1100年
鲍德温一世	1100—1118年
鲍德温二世	1118—1131年
梅利桑德和富尔克一世	1131—1143年
梅利桑德和鲍德温三世	1143—1153年
鲍德温三世	1153—1162年
阿马尔里克一世	1162—1174年
鲍德温四世	1174—1185年
鲍德温五世	1185—1186年
西比拉	1186—1187年
安茹的伊莎贝拉	1192—1205年

诺曼王朝

诺曼公爵

理查二世	996—1027年
理查三世	1027年
“宽宏者”罗贝尔一世	1027—1035年
“征服者”威廉（威廉一世）	1035—1087年
罗贝尔二世（“短袜”罗贝尔）	1087—1106年
“儒雅者”亨利（亨利一世）	1106—1135年
布卢瓦的埃蒂安（斯蒂芬）	1135—1144年

英格兰国王/女王

“征服者”威廉（威廉一世）	1035—1087年
“红脸”威廉（威廉二世）	1087—1100年
“儒雅者”亨利（亨利一世）	1106—1135年
布卢瓦的埃蒂安（斯蒂芬）	1135—1141年、1141—1154年
英格兰的玛蒂尔达	1141年

金雀花王朝

英格兰国王

亨利二世	1154—1189年
理查一世	1189—1199年
约翰一世（“无地王”约翰）	1199—1216年
亨利三世	1216—1272年
爱德华一世	1272—1307年

卡佩王朝

法兰西国王

于格·卡佩	987—996年
“虔诚者”罗贝尔二世	996—1031年
亨利一世	1031—1060年
腓力一世	1060—1108年
“胖子”路易六世	1108—1137年
“年轻者”路易七世	1137—1180年
腓力二世·奥古斯都	1180—1223年
“狮子”路易八世	1223—1226年
路易九世（圣路易）	1226—1270年
“勇敢者”腓力三世	1270—1285年
“美男子”腓力四世	1285—1314年

萨利安王朝

德意志国王和神圣罗马帝国皇帝

（萨利安的）康拉德二世（“长者”康拉德二世）	1024—1039年
“黑汉”亨利三世	1039—1056年
亨利四世	1056—1105年
亨利五世	1105—1125年

霍亨斯陶芬王朝

神圣罗马帝国皇帝

“红胡子”腓特烈一世	1155—1190年
亨利六世	1191—1197年
腓特烈二世	1220—1250年

德意志国王

康拉德三世	1138—1152年
士瓦本的菲利普	1198—1208年
亨利七世	1220—1235年
康拉德四世	1237—1254年

西西里国王

亨利六世	1194—1197年
腓特烈二世	1198—1250年
亨利七世	1212—1217年
康拉德四世	1250—1254年

康拉丁 1254—1258/1268年
曼弗雷迪 1258—1266年

士瓦本公爵

腓特烈一世 1079—1105年
腓特烈二世 1105—1147年
"红胡子"腓特烈一世（士瓦本的腓特烈三世） 1147—1152年
腓特烈四世 1152—1167年
腓特烈五世 1167—1170年
腓特烈六世 1170—1191年
康拉德二世 1191—1196年
士瓦本的菲利普 1196—1208年
腓特烈二世（士瓦本的腓特烈七世） 1212—1216年
亨利七世（士瓦本的亨利二世） 1216—1235年
康拉德四世 1235—1254年
康拉丁（康拉德五世） 1254—1268年

罗马女皇

霍亨斯陶芬的科斯坦察二世 1230—1307年

萨伏依王朝

萨伏依伯爵

翁贝托一世 1032—1047/1048年
阿梅德奥一世 1047/1048—1051/1056年
奥托一世 1051/1056—1060年
佩德罗一世 1060—1078年
阿梅德奥二世 1060—1080年
翁贝托二世 1080—1103年
阿梅德奥三世 1103—1148年
翁贝托三世 1148—1189年
托马斯一世 1189—1233年
阿梅德奥四世 1233—1253年
博尼法西奥一世 1253—1263年
托马斯二世 1253—1259年
佩德罗二世 1263—1268年
腓力一世 1268—1285年
阿梅德奥五世 1285—1323年

巴塞罗那家族

巴塞罗那伯爵

贝伦格·拉蒙一世 1017—1035年
拉蒙·贝伦格一世 1035—1076年
拉蒙·贝伦格二世 1076—1082年
贝伦格·拉蒙二世 1076—1097年
拉蒙·贝伦格三世 1082—1131年
拉蒙·贝伦格四世 1131—1162年

阿拉贡家族

阿拉贡国王/女王

拉米罗一世 1035—1063年
桑乔·拉米雷斯 1063—1094年
佩德罗一世 1094—1104年
"威武者"阿方索一世 1104—1134年
"修道士"拉米罗二世 1134—1157年
佩德罗尼拉（拉蒙·贝伦格四世时期摄政） 1157—1164年
"严肃者"阿方索二世 1164—1196年
"虔诚者"佩德罗二世 1196—1213年
"征服者"海梅一世 1213—1276年
佩德罗三世 1276—1285年
"坦率者"阿方索三世 1285—1291年
"正义王"海梅二世 1291—1327年

希梅尼斯王朝

卡斯蒂利亚国王/女王

桑乔二世 1065—1072年
阿方索六世 1072—1109年
乌拉卡 1109—1126年

勃艮第家族

卡斯蒂利亚国王/女王

阿方索七世 1126—1157年
桑乔三世 1157—1158年
阿方索八世 1158—1214年
恩里克一世（亨利一世） 1214—1217年
贝伦加利亚 1217年
费尔南多三世 1217—1252年
阿方索十世（"智者"阿方索十世） 1252—1284年
桑乔四世 1284—1295年
费尔南多四世 1295—1312年

欧特维尔家族

西西里国王/女王

鲁杰罗二世 1130—1154年
古列尔莫一世（"恶王"古列尔莫一世、威廉一世） 1151—1166年
古列尔莫二世（"好王"古列尔莫二世、威廉二世） 1166—1189年
坦克雷迪 1189—1194年
鲁杰罗三世 1191—1193年
古列尔莫三世（威廉三世） 1193—1194年
科斯坦察 1194—1198年

图书在版编目（CIP）数据

中世纪的王国与王朝 / 美国国家地理学会编著 ； 周恒涛译. -- 北京 ： 现代出版社，2023.8

（美国国家地理全球史）

ISBN 978-7-5231-0339-5

Ⅰ. ①中… Ⅱ. ①美… ②周… Ⅲ. ①欧洲－中世纪史 Ⅳ. ①K503

中国国家版本馆CIP数据核字（2023）第114537号

版权登记号：01-2020-2643

由北京久久梦城文化发展有限公司代理引进

中世纪的王国与王朝（美国国家地理全球史）

编 著 者：美国国家地理学会
译　　者：周恒涛
策划编辑：吴良柱
责任编辑：张　霆　谢　惠
内文排版：北京锦创佳业文化传播有限公司
出版发行：现代出版社
通信地址：北京市安定门外安华里504 号
邮政编码：100011
电　　话：010-64267325　64245264（兼传真）
网　　址：www.1980xd.com
印　　刷：固安兰星球彩色印刷有限公司

开　　本：710mm*1000mm 1/16
印　　张：15　　字　　数：220千
版　　次：2023年8月第1版　　印　　次：2023年8月第1次印刷
书　　号：ISBN 978-7-5231-0339-5
定　　价：88.00元